Laura Marija Angelmayer

Beseelte Natur – Erlebnisse mit Naturgeistern und Pflanzenwesen

Laura Marija Angelmayer

Beseelte Natur – Erlebnisse mit Naturgeistern und Pflanzenwesen

Rediroma-Verlag

Bibliografische Information der Deutschen Nationalbibliothek:
Die Deutsche Nationalbibliothek verzeichnet diese Publikation in der Deutschen Nationalbibliografie; detaillierte bibliografische Daten sind im Internet über http://portal.dnb.de abrufbar.

ISBN 978-3-98885-241-0

www.rediroma-verlag.de
12,95 Euro (D)

Inhalt

1 Vorwort

„Je näher wir der Natur sind,
je näher fühlen wir uns der Gottheit"
(J.W.Goethe; Claudine von Villa Bella 1776)

Besser könnte ich es nicht ausdrücken! Dieses Zitat beschreibt wohl am Besten, was ich erlebt habe, als ich im Laufe der Jahre immer mehr Erlebnisse mit Naturwesen und Pflanzengeistern hatte. Jede Begegnung hat mich ein Stück näher an die Heiligkeit, in allem was ist, gebracht. Auch in mir selbst. Im Kontakt mit dem „kleinen Volk" offenbarte sich mir ein Lebensgefühl, das voller Selbstverständlichkeit, Wahrhaftigkeit, Sinn und Liebe zu allem Sein ist, sodass sich eine Vision in mir geformt hat, wie mein Leben und das auf diesem Planeten allgemein sein könnte. Voller Freude und Neugier aufs Leben, im Einklang mit der inneren und äußeren Natur! Für mich bleibt es weiterhin ein großes Abenteuer, das Reich der Naturgeister besser kennenzulernen und mich dadurch immer lebendiger, mit Mutter Erde verbunden und wirklich angekommen zu fühlen.

Das wünsche ich mir auch für euch, die Leserinnen und Leser dieses Buches. Ich hoffe, meine Erfahrungen können euch dazu inspirieren, die beseelte Natur zu erforschen und den eigenen Platz für euch zu finden. Es ist eine Reise in eine fremde Welt und zugleich zu uns selbst, jede Begegnung ist eine sehr persönliche Angelegenheit und spiegelt auch wider, wie wir im Leben aufgestellt sind.

Aus diesem Grund verwehre ich mich auch entschieden dagegen, Hierarchien zu erstellen, Definitionen oder formale Beschreibungen über Naturgeister abzugeben. Dies ist keine wissenschaftliche Abhandlung, sondern eine Liebesgeschichte über Annäherung, Begegnung und Verbindung. Das macht sie zu etwas sehr Persönlichem, und jeder wird aufgrund seines eigenen Seins andere Erfahrungen machen.

Erwähnenswert ist vielleicht auch die Tatsache, dass die Geschichten, wie sie im Buch aufeinander folgen, nicht die Reihenfolge, in der ich sie erlebt habe, wiedergeben. Beim Schreiben hat sich eine Art Eigenleben entwickelt; die Erzählungen hatten ihre eigene Vorstellung davon, wann sie zu Papier gebracht werden wollten. Diesen Vorstellungen nicht zu entsprechen war keine Option, und ich bin sehr dankbar für die deutliche Führung.

Zuletzt möchte ich noch festhalten, dass, auch wenn ich immer wieder von schamanischen Reisen oder Praktiken spreche, es nicht zwingend notwendig ist, schamanisch zu praktizieren, um mit der beseelten Natur ins Gespräch zu kommen. Jeder kann es lernen und seinen eigenen Kanal finden. Ich bin überzeugt davon, dass wir alle in dieser Zeit inkarniert sind, um eine liebevolle, lebensbejahende Zukunft zu erschaffen. Dementsprechend ist jeder mit dem notwendigen Rüstzeug ausgestattet, um seinen/ihren besonderen Weg zu finden, der ihrem/seinem Herzen und ihrer/seiner Seele entspringt.

Ich hoffe, ihr habt beim Lesen auch nur annähernd so viel Freude, wie ich beim Schreiben hatte.

Laura Marija Angelmayer, 24.6.2022

Die beseelte Natur

2 Erlebnisse mit Pflanzen- und Naturgeistern

Erlen in Obsteig

2015 nahm ich an einem Aufbauseminar meiner Lehrerin in Obsteig teil, bei der ich im Jahr zuvor die zweijährige Kräuterausbildung abgeschlossen hatte. Während sie uns im Lehrgang vor allem die Bestimmung, die Wirkung und Verwendung von Kräutern und Heilpflanzen lehrte, standen an diesem Tag die Bäume im Mittelpunkt unserer Aufmerksamkeit. Nicht nur die Heilwirkung der einzelnen Teile waren Gegenstand des Kurses; ein Schwerpunkt bestand darin, mit dem Wesen der Bäume, also dem Baumgeist, in Kontakt zu treten. Das war es, was mich im Speziellen reizte und eine lang bestehende Sehnsucht erfüllen sollte. Schon seit ich denken kann, habe ich mich zu Bäumen hingezogen gefühlt, ihre Schönheit und majestätische Präsenz zutiefst bewundert und mir immer gewünscht, mit ihnen verbunden zu sein. Der Eindruck, den die mächtigen Buchen im Park von Schloss Ambras in meiner frühen Kindheit bei mir hinterlassen haben, werde ich für immer als etwas Liebevolles, Heilsames und Behütendes in mir bewahren dürfen. Meine Erwartungen an das Seminar wurden bei weitem übertroffen, und dieser Tag bleibt mir bis heute als eines meiner schönsten Erlebnisse im Gedächtnis.

Während unsere Lehrerin auf langjährige Erfahrung im schamanischen Reisen zurückblicken konnte, hatten die anderen Kursteilnehmerinnen noch keine Erfahrungen damit. Wir kamen alle aus verschiedenen Berufsgruppen und brachten unterschiedliche Zugänge zur Natur mit. Was wir gemeinsam hatten, war, dass wir alle bereits die Ausbildung bei Susanne gemacht, und so ihren (unter anderem) energetischen Zugang zur Pflanzenwelt bereits kennengelernt hatten. Was mich damals verblüffte und darin bestätigte, dass meine Erfahrungen nicht der puren Fantasie entsprangen, war die Tatsache, dass jede von uns sechs Teilnehmerinnen unabhängig voneinander genau den gleichen Eindruck vom Wesen der einzelnen Baumarten erlangte. Trotz der individuell unterschiedlichen Bilder und persönlichen Details konnte jede die gleichen Eigenschaften benennen. Die mütterliche Energie der Buche oder die tiefe Reichweite der Esche zum Beispiel. Alle Bäume zeigten sich als wohlwollende Wesen, die gerne bereit sind, uns Menschen bei unseren Problemen zu unterstützen, wenn wir diese Hilfe dankbar annehmen. Wir nahmen Kontakt zu Lärchen, Eschen, Buchen, Kiefern, Erlen, Eichen und einem Apfelbaum auf. Während mich jede einzelne Begegnung tief berührte, möchte ich hier von meiner Erfahrung mit den Erlen erzählen, da sie die Ausnahme bildeten und sich uns sowohl von ihrer lichten, als auch dunklen Seite zeigten.

Es war ein sehr warmer Samstag im Juli, und wir hatten Glück, dass immer wieder diesige Sommerwolken den Himmel bedeckten, so dass wir nicht von der Hitze erschlagen wurden. Wir konnten uns einfach zu den Bäumen stellen, zu denen wir uns hingezogen fühlten, ohne von Regen oder beißendem Sonnenschein abgelenkt zu werden. Während die

Grillen zirpten und die Luft vom harzigen Duft der Nadelbäume erfüllt war, wanderten wir eine Weile bergaufwärts, bis wir zu einem Platz kamen, der auf den ersten Blick recht unscheinbar wirkte. Neben einer hölzernen Brücke, die über einen wenig idyllischen Bach, der keine Fließfähigkeit zu haben schien, führte, war einfach ein Areal geschaffen worden, auf dem, vermutlich Bauern ihre gefällten Baumstämme und Arbeitsmaschinen lagerten. Es wirkte unordentlich und so gar nicht mystisch. An der Böschung des Gewässers jedoch wuchsen viele junge Erlen. Hier durften wir üben, wie man sich einem Baumgeist nähert und ihn um eine Botschaft bittet.

Zuerst einmal ist es hilfreich, barfuß zu gehen, was nicht nur ein Zeichen von Respekt darstellt, sondern auch die Verbindung zur Erde und den Wurzeln der Bäume stärkt. Über die Füße findet ein unbewusster Kontakt statt, der unser ganzes Wesen miteinbezieht. Wir wurden angeleitet, uns umzuschauen und uns zu einer Erle ziehen zu lassen, die uns aus irgendeinem Grund anspräche. Dies konnte über ihr Aussehen oder über einen bestimmten Aspekt geschehen, der die Aufmerksamkeit auf sich lenkte, oder einfach nur durch ein Gefühl, das vermittelte, dass man hier willkommen sei. Hatten wir so einen Baum entdeckt, gingen wir zu ihm hin und baten um Erlaubnis, ihn zu berühren und mit ihm kommunizieren zu dürfen. Bekamen wir keine Antwort oder ein eindeutiges Nein, gingen wir weiter, bis ein Baumgeist sich bereit erklärte, die Beziehung einzugehen.

In meinem Fall wurde ich zuerst einmal abgewiesen, bis es mich zu einer kleinen Anhöhe lockte, auf der eine Erle wuchs. Sie war nicht unbedingt leicht zu erreichen, da sie sich einen abschüssigen und engen Platz zum Wachsen ausgesucht hatte. Es dauerte eine Weile, bis meine Füße so positioniert waren, dass ich einen guten Stand hatte und mich auf das Erlebnis konzentrieren konnte.

Im Gegensatz zur vorherigen Erle, war diese nicht nur bereit, sich mit mir zu verbinden, vielmehr schien sie mich in sich aufzusaugen. Sofort erschien mir das Bild einer Fee, vollkommen in weiße, wallende Kleider gehüllt. Dies war mein erster Kontakt zu einer Fee und ich erlebte sie als ein sehr mächtiges Wesen, groß und Ehrfurcht gebietend. Ich hätte mir keinen Scherz erlauben oder in irgendeiner Form respektlos erscheinen wollen. Anders als viele Abbildungen in Märchen oder Kinderbüchern zeigen, war diese Fee kein kleines Wesen mit netten Flügeln, die fröhlich und selbstvergessen von Blume zu Blume tollt. Am ehesten glich sie einer strengen Galadriel aus dem „Herrn der Ringe“, bewundernswert und beängstigend zugleich.

Während der gesamten Begegnung empfand ich eine Art unsichtbaren Sog an mir. Die Fee der Erle wehte durch mich hindurch, und ich hatte das Gefühl, plötzlich am Tor zum Feenreich zu stehen. Ich spürte in mir die Verlockung, mit ihr durch dieses Tor zu gehen, was ich aber nicht unbedingt als eine freundliche Einladung wahrnahm. Vielmehr hatte die Situation etwas Bedrohliches. Ich fühlte mich verführt oder beinahe gedrängt und glaubte zu wissen, dass ich nie wieder zurückkommen könnte, würde ich sie begleiten. Auch körperlich hatte ich unangenehme Empfindungen von Schwindel, Übelkeit und einem starken Druck im Brustbereich. Diese Wahrnehmungen halfen mir, meiner eigenen Neugier zu widerstehen und dankend abzulehnen, auch wenn ein nicht zu geringer Teil in mir gerne gesehen hätte, was auf der anderen Seite des Tors existiert. Um ganz ehrlich zu sein, fühlte ich mich auch ein wenig geschmeichelt, bekommt man doch nicht jeden Tag so eine spektakuläre Einladung ins Reich der Feen.

Wieder zurück am Treffpunkt angekommen, war ich noch ein paar Minuten lang etwas mitgenommen; mir war nicht ganz geheuer zumute, und während die meisten meiner Kolleginnen an diesem Tag von sehr schönen Erlebnissen mit der Erle berichteten, hatte ich fast das Gefühl, dem „Erlkönig" gerade noch mal entkommen zu sein.

Wie bereits erwähnt, hat sich der Baumgeist der Erle unserer Gruppe auf eine recht unterschiedliche Art gezeigt, und um dieser Zwiespältigkeit gerecht zu werden, möchte ich an dieser Stelle auch die Erfahrung meiner Freundin beschreiben:

Ihr Zusammentreffen war ganz offensichtlich sehr heilsam gewesen, denn nach dem Gespräch mit der Erle hatte sie eine vollkommen andere Ausstrahlung. Sie wirkte tief in ihrer Weiblichkeit verankert, und ihre Augen strahlten eine seltsam übermenschliche Schönheit aus, so dass ich meinen Blick kaum von ihr abwenden konnte. Sie erzählte, dass sich ihr der Baumgeist als eine äußerst liebevolle, weibliche Energie zeigte, von der sie sich eingehüllt und umarmt fühlte. Sie musste dabei an ihre Großmutter denken, welche sie zu jeder Tages- und Nachtzeit mit tröstendem Griesbrei versorgt hatte, war dieser gefragt. Sie spürte Geborgenheit; eine starke Verbundenheit und bedingungslose Liebe wurden ihr entgegengebracht. Sie bekam die Botschaft, dass der Geist der Erle ihr bei alten Wunden und den Ängsten, die sie aufgrund von Traumata mit sich trug, sowie bei ihren negativen Mustern und Glaubenssätzen helfen würde. Sie könne sich auch in Zukunft immer wieder mit ihr verbinden, sie würde ihr bei Trauer und Angst helfen, so dass es für sie leichter werden könne.

Nicht nur für mich war dieser Tag etwas Besonderes. Der Geist der Erle schenkte meiner Freundin die Erfahrung von bedingungsloser Liebe und Geborgenheit, was wohl das Heilsamste ist, das wir Menschen erleben können.

Heidekraut auf Slieve League

„When the petals of the heart unfold,
fragrance spreads across the valley"
-Amit Ray-

Ein wunderschönes und vollkommen unerwartetes Erlebnis hatte ich im Urlaub an der Westküste Irlands. Mein damaliger Partner und ich wollten die Landschaft im County Donegal ein paar Tage lang mit dem Rucksack wandernd kennenlernen. Eigentlich hatten wir beschlossen, mit dem Bus mehrere Orte zu besuchen, aber in Irland angekommen mussten wir feststellen, dass der Busplan, den ich zuvor im Internet studiert und zettelweise ausgedruckt hatte, längst nicht mehr aktuell war. Die Verbindungen erwiesen sich wesentlich schlechter als befürchtet, und unsere einzige Möglichkeit, zu den Plätzen zu kommen, die uns interessierten, wäre ein Leihauto gewesen. Da wir beide keine Lust hatten, durch diese traumhafte Landschaft mit dem Auto zu fahren, und anstatt sie zu bewundern, den Linksverkehr zu meistern gehabt hätten, war dies keine Option für uns. Wir standen also recht perplex in Donegal im Infocenter herum und mussten unsere gesamten Pläne über Bord werfen. Kurzerhand – so kurzerhand um genau zu sein, dass es mit Rennen verbunden war – entschlossen wir uns, den Bus nach Killybeg zu nehmen und von dort aus bis Malin Head zu marschieren.

Drei Tage später, langsam an die platt gelaufenen Füße gewöhnt, wanderten wir von Carrick weg nach Slieve League hinauf. Diese imposanten Klippen gehören zu den Höchsten

Europas. Aber nicht nur aus diesem Grund hinterlässt die raue und gleichzeitig vielfältige Schönheit der Küste einen bleibenden Eindruck.

Folgt man der Landstraße zum Aussichtspunkt, durchquert man ein Hochmoor, dessen Pflanzenwelt einen gut und gerne stundenlang beschäftigen kann, wenn man Freude daran hat. Während also mein Freund mit der Nase im Moor lag, bewunderte ich eine Gruppe von waghalsigen Schafen, die ganz offensichtlich noch nie etwas von Höhenangst gehört hatten. Auf winzigen Felsvorsprüngen herumturnend, fanden sie wohl noch saftigere Gräser, als auf den ohnehin sehr grünen Wiesen. Warum sonst, wenn nicht für gutes Essen, sollte irgendwer jemals so lebensmüde sein?

Bemerkenswert an fast allen Klippen, die wir in diesem Urlaub besucht hatten, war, dass das steil abfallende Gelände kaum gesichert war. Im besten Fall sahen wir morsche Holzzäune, die jedoch einem Selfie-Unfall unmöglich standgehalten hätten. Am Aussichtspunkt von Slieve League, einem sehr beliebten Ziel für Touristen, zu dem täglich mehrere Busse hinauffahren, ist dies natürlich anders. Erst, wenn man den Aufstieg in Richtung One Man‘s Path nimmt, ist man wieder mit sich und der Natur alleine. Dieser Umstand ist wahrscheinlich mit ein Grund, warum man sich dort mit einem Mal so frei fühlt. Bis auf den kleinen Trampelpfad zeugt nichts von menschlichem Eingreifen. Keine Zäune, keine Müllkübel, keine Berghütten, die Bier oder Junkfood angeboten hätten, dafür schroffe Felsen, Gras und vor allem das Meer! Der Blick auf die Weite des Atlantiks ist einfach atemberaubend. Nichts als blaues Wasser, Himmel und sich ständig verändernde Wolkenformationen, soweit das Auge reicht.

Dort oben angekommen konnte ich die Schafe ein wenig besser verstehen. Trotz meiner großen Höhenangst konnte ich mich nicht zurückhalten und musste einfach über den Rand der Klippe hinabschauen. Sechshundert Meter in die Tiefe. Hinunter in die tosende Gischt, die sich um die Felsen schmiegte und deren Rauschen bis hier oben zu hören war. Zumindest ist das in meiner Erinnerung so. Wenn mein Freund mir nicht gedroht hätte, mich runter zu stoßen, ginge ich nicht sofort vom Abgrund weg, würde ich vielleicht immer noch dort sitzen und ebenfalls Gräser kauen.

Nachdem wir eine Weile die Aussicht genossen und das faszinierende neue Lebensgefühl in uns aufgesaugt hatten, beschlossen wir, uns an den Abstieg zu machen. Zu meinem großen Glück zogen über dem One Man‘s Path dunkle Wolken auf, so dass mein Freund von seinem Vorhaben, diesen hinaufzuklettern, absah, und mir – oder besser gesagt uns beiden – eine weitere Panikattacke am Berg ersparte.

Im Nachhinein würde ich jedem davon abraten, den Weg, den wir dann wählten, zu nehmen. Wir hatten Lust, einfach querfeldein auf der Rückseite des Berges bis zur Landesstraße hinunter zu gehen, was aber über privates Land führte, einige Schafe verwirrt zurückließ und für die Pflanzenwelt im Hochmoor sicher nicht förderlich war. Dies war absolut keine Aktion, auf die ich stolz bin. Nichtsdestotrotz wurde mir durch diese Entscheidung ein Geschenk gewährt, das mir die magische Natur der Pflanzen ein weiteres Mal deutlich machte.

Es war August, und in Irland war das Heidekraut bereits in Blüte. Der gesamte Bergkamm vor uns war mit riesigen Feldern dieser kleinen Pflanze bewachsen. Die Hügel leuchteten lila und rosa und boten einen fantastischen Anblick.

Nach einer Weile zogen die Wolken über uns immer dunkler vorbei; nur gelegentlich riss der Wind Löcher in die dichte Decke und ließ vereinzelte Sonnenstrahlen durch. In solchen Augenblicken wurde der Berg mit seinem Teppich aus Heidekraut wie von einem himmlischen Spotlight beleuchtet. Das Farbenspiel, das durch das wechselnde Licht entstand, war beeindruckend. Am Himmel graue und schwarze Wolken, die schnell kamen und wieder weiterzogen, hier unten saftig grüne Wiesen und Moorflächen, weiter oben im Gelände wurden die grün-braunen Flächen zunehmend von kräftigem Lila überwuchert. Nie zuvor war mir das Heidekraut so positiv aufgefallen. Im Gegenteil: Ich hatte es immer als langweilige Pflanze, die nur zu Allerheiligen die Gräber schmücken sollte, abgetan. Hier in dieser ursprünglichen Landschaft konnte ich seine ganze Pracht erkennen und war verzaubert.

Genau in dem Moment, als ich diesen Gedanken der Bewunderung nachhing, erreichte mich ein starker, blütensüßer Duft, der ebenso intensiv war, als hätte ich direkt an einer Damaszener Rose gerochen. Kräftig, lieblich und doch unaufdringlich, fühlte ich mich freundlich umschmeichelt. Es gab hier keine anderen Menschen, Blumen oder sonstige Quellen, von denen der Duft hätte ausgehen können. Wie es so oft mit Natur- und Pflanzenwesen der Fall ist, *wusste* ich, dass dies eine Botschaft war. Durch meine neu entdeckte Liebe zum blühenden Heidekraut war wohl eine Brücke entstanden und ich hatte eine Antwort erhalten.

Ich sehe dieses Geschenk als Gruß des Pflanzengeistes und als Hinweis, dass sich mir die Welt öffnen kann, wenn ich sie mit Liebe betrachte. Noch heute erfüllt mich diese Erinnerung mit einem starken Gefühl von Verbundenheit zur Natur, was mich dankbar und glücklich macht.

Dass die Liebe zu den Pflanzen kleine Wunder zu vollbringen vermag, die weit über die normalen Sinne hinaus wirksam sein können, durfte auch meine Mutter erleben. Ihre Terrasse ist mit so vielen großen und kleinen Rosentrögen „bedacht“, dass es mich nicht wundern würde, wenn sie demnächst in einen hundertjährigen Schlaf verfiele. Sie hat den grünen Daumen schlechthin und bringt jede Pflanze ins Leben zurück. Schnittrosen steckt sie einfach in die Erde und es werden große, gesunde Rosenstöcke daraus. Eine Zeit lang empfand sie eine besondere Liebe zu einem Stock mit kleinen Blüten. Den hegte und pflegte sie ganz besonders und sagte ihm immer wieder, wie schön er doch sei. Jeden Tag umsorgte und herzte sie ihn. Eines Morgens wurde sie von einem betörenden Duft eingehüllt. Mehrere Minuten lang verströmte die zarte Blume ihren süßlich-frischen Geruch.

Bei Rosen ist dies nun nicht sehr verwunderlich. Wenn man aber weiß, dass meine Mutter schon seit Jahren keinen Geruchssinn mehr besitzt und einen überreifen Quargel nicht erkennen könnte, selbst wenn er ihr direkt unter die Nase gehalten würde, dann ist dies umso erstaunlicher. Man kann sich vorstellen, wie viel Freude und welches Glücksgefühl dieses Erlebnis bei ihr hinterlassen hat.

Hüter vom Stöttlbach

Im Sommer 2017 hatte meine Freundin Judith die Idee, zwei Tage und zwei Nächte am Stöttlbach in Mieming zu verbringen. Ohne Zelt, nur mit einer Plane als Schutz gegen die Feuchtigkeit, die nachts am Bachufer sogar im August unangenehm werden konnte. Mit einem kleinen Gaskocher, viel zu vielen Essensvorräten und einer Flasche Wein wollten wir uns die zwei Tage nur sonnen und lesen, essen, im Wasser planschen und die Natur genießen. Der Stöttlbach ist einer der wenigen Plätze, wo noch Lagerfeuer gemacht werden dürfen, was regelmäßig Familien und Gruppen von Jugendlichen anlockt, die ihre Abende mit Grillen, Feiern und teilweise lauter Musik verbringen wollen. Da das Flussbett sehr breit ist und neben dem Wasserlauf noch reichlich Platz übrig bleibt, bevor die Vegetation beginnt, ist die Gefahr gering, dass es durch Funkenflug zu Bränden kommen kann.

Die Landschaft um den Stöttlbach herum ist wunderschön, mit einem Blick auf imposante Berge, die besonders morgens und abends ein leuchtendes Schauspiel bieten, wenn die Sonne ihre ersten und letzten Strahlen über die Gipfel streicheln lässt. Die gesamte Gegend ist mit Wacholderstauden, Latschen und Kiefern bewachsen und an allen Stellen ist das Rauschen des Baches zu hören.

Um den Partys und Gesellschaft im Allgemeinen zu entkommen, wanderten wir etwa eineinhalb Stunden schwer bepackt auf der Forststraße flussaufwärts, bis wir uns entschieden, einen steil abfallenden Weg zurück zum Bachbett zu nehmen. Unten angekommen hatten wir unseren perfekten Platz gefunden.

Auf einer Halbinsel, vollkommen von reißenden Stromschnellen umgeben, an einen Hang geschmiegt, wollten wir uns für die beiden Tage niederlassen. Zuerst hieß es aber, den Fluss zu überqueren. Mit einem schweren Rucksack am Rücken und einem weiteren auf der Vorderseite war das leichter gesagt als getan. Für meine Freundin, die sich immer gerne neuen Herausforderungen stellt, war die Überquerung des Flusses kein Hindernis. Barfuß balancierte sie, bis zu den Knien im Wasser, durch die beachtliche Strömung über die rutschigen Steine sicher ans andere Ufer. Meine Wenigkeit, mit einem bestenfalls rudimentär ausgeprägten Gleichgewichtssinn gesegnet, tat sich da schon schwerer. Trotz Trekkingsandalen und meinem geliebten Wanderstock schaffte ich es gerade mal so, die vielleicht drei Meter breite Hürde zu bewältigen. Abgesehen von einem nassen Hosenboden und meinem Wanderstock, der sich daraufhin flussabwärts eine Auszeit nahm, blieb ich aber von weiteren Peinlichkeiten verschont.

Als wir uns nun auf dem Platz niederließen, war eines der ersten Dinge, die ich tat, einen kleinen Altar zu bauen. Wenn ich in der Natur unterwegs bin und beabsichtige, beispielsweise Kräuter zu pflücken, habe ich meistens einen Beutel mit Gaben für die Pflanzengeister dabei. Für mich erschien immer grobes Steinsalz von guter Qualität passend, da ich Salz liebe und einen besonderen persönlichen Bezug dazu habe. Hirse befindet sich auch in dem Beutel, da sie für mich etwas Nährendes symbolisiert, und ich das Gefühl habe, auf diese Weise etwas zurückgeben zu können, wenn mich die Natur mit ihren Geschenken versorgt. Da wir eine Zeit lang an diesem Ort bleiben wollten, war es uns wichtig, den Geistern unsere Ehre zu erweisen und ihnen deutlich zu machen, dass wir den Platz sauber und unversehrt zu hinterlassen beabsichtigten. Hierfür stellte ich eine Kerze auf und umrandete sie mit dem Inhalt meines Beutels. Daneben legten wir noch Zweige, die wir abgebrochen am Boden gefunden hatten. Ich rasselte und dankte den Hütern des Stöttlbachs für ihre Gastfreundschaft. Für mich stellte sich nach diesem kleinen Ritual ein angenehmes Gefühl des Akzeptiert- oder vielleicht sogar Willkommenseins ein. Wir verbrachten einen genussvollen Abend mit köstlicher Gemüsesuppe, einem kleinen Feuer, Wein und sogar etwas Flötenmusik. Genau so früh, wie wir in den Schlafsäcken verschwanden, krochen wir am nächsten Morgen bestens erholt wieder hervor und erlebten einen heißen, faulen und erholsamen Tag auf unserer kleinen Insel. Zwischen intensiven Sonnenbädern und regelmäßigem Eintauchen in die eiskalten Fluten verging die Zeit bis zum Abend viel zu schnell.

Nach dem ausführlichen Nachtmahl begann sich das Wetter zu verändern. Der Himmel verdunkelte sich, und in die Dämmerung drängten sich Regenwolken. Nicht lange darauf hörten wir in der Ferne Donner grollen. Von weitem waren Blitze sichtbar, und der Wind trieb die immer dicker werdenden Wolken jetzt schnell über den Horizont. Es begann zu regnen, und das Unwetter kam immer näher. In diesem Sommer gingen einige heftige Gewitter ab, und ich rechnete damit, dass wir noch ordentlich durchgebeutelt würden in dieser Nacht, zöge das Wetter nicht an uns vorüber. Da wir bis auf die Plane keinen Unterschlupf hatten und unser Platz recht ungeschützt war – nur ein einzelner Baum stand in der Ebene, der Hang war vor allem mit Latschen bewachsen – begann ich mich zu sorgen, ob uns diese hübsch anzusehenden elektrischen Entladungen nicht gefährlich werden könnten. Meine Freundin war äußerlich die

Gelassenheit in Person, aber auch sie wandte ihren Blick kaum vom Himmel, was für mich kein gutes Zeichen war. Als ehemalige Almpächterin kannte sie sich mit den Gefahren von Gewittern im freien Gelände gut aus, und wenn sie so in die Beobachterposition ging, waren meine Bedenken wohl nicht ganz unberechtigt.

Während wir damit beschäftigt waren, in den Himmel zu starren und nebenbei unser Hab und Gut wetterfest zu machen, versuchte ich mich zu erinnern, wie man sich bei Blitzen verhält. Sollten wir uns vielleicht vom Baum wegsetzen, oder wäre es doch klüger, in seiner Nähe zu bleiben, da er größer war und so möglicherweise ein attraktiveres Einschlagziel darstellte? Ich war jedenfalls recht tief in meinen Überlegungen versunken, als sich plötzlich Worte ihren Weg durch mein Gedankengewirr bahnten.

Es fühlte sich an, als würde ich das Gesprochene gleichzeitig außerhalb von mir, als auch in meinem Kopf wahrnehmen. Mein sorgenvoller Denkfluss wurde richtiggehend unterbrochen, so als ob mir jemand auf angenehm tröstliche Weise ins Wort gefallen wäre. Ich spürte eine mächtige, sehr klare und liebevolle Präsenz und hörte deutlich in mir:

„Wir beschützen euch.“

Und so war es dann auch. Tatsächlich zog das Gewitter mit seinen bedrohlichen Blitzen an uns vorbei, sparte unseren Flecken Erde ganz aus und wir hatten sogar Freude am Regen, der kaum stark genug war, um unser kleines Feuer zu löschen. Vielleicht hätte sich der Sturm von selbst verzogen, oder hatte ohnehin niemals vor, bei uns vorbeizuschauen, aber das spielt eigentlich keine Rolle. Mein Grübeln löste sich augenblicklich auf, und ich konnte das Naturschauspiel von einer neutralen und sicheren Position aus bewundern.

Ich zweifelte keine Sekunde lang daran, dass wir beschützt waren und uns nichts geschehen würde.

Es fällt mir schwer, zu beschreiben, wie geborgen und angenommen ich mich fühlte, als ich die Worte des Naturgeistes hören durfte. Die Dankbarkeit, die mich immer wieder durch solche Begegnungen von innen heraus überflutet, ist eines der Dinge in meinem Leben, die mir nachhaltig das Gefühl von Glück und Sinn vermitteln.

Nachhaltig war allerdings ebenso der saftige Sonnenbrand, den wir am nächsten Tag mit nach Hause nahmen. Davor versprach der Hüter des Stöttlbachs uns aber auch nicht zu schützen.

Beinwell in Gnadenwald

Ein lustiges Erlebnis hatte ich eines sonnigen Herbsttages in Gnadenwald, als ich mit meinem damaligen Partner loszog, um eine Beinwellwurzel zu graben. Aus dieser Wurzel wollte ich eine Salbe machen, die bei allen möglichen Problemen des Skeletts hilfreich sein würde. Ich verwende sie gerne für meine inzwischen nicht mehr ganz jugendlichen Knie, oder auch für mein Schienbein, das nach dreißig Jahren immer noch schmerzt, wenn ich die Stelle berühre, an der ich mir einst die Knochenhaut verletzt habe. Bin ich konsequent genug, die Salbe regelmäßig aufzutragen, ist die Stelle wesentlich weniger druckempfindlich und tut einfach um einiges weniger weh.

Der Plan war also, einen netten Spaziergang mit dem Graben einer geeigneten Wurzel zu verbinden. Ich startete mit der Absicht und der Bitte, eine Beinwellpflanze zu finden, die bereit wäre, ihr Leben zu opfern. Für mich ist es oft schon schwierig genug, Kräuter zu sammeln, da ich irgendwie ein schlechtes Gewissen habe, sie in größeren Mengen zu ernten. Ich habe auch immer wieder das Gefühl, sie ihres wohlverdienten Frühlings- oder Sommererlebnisses zu berauben. Gerade im Frühling, wenn sie so fröhlich aus dem Boden sprießen, voller Lebenskraft und Heiterkeit, noch so jung und frisch wie kleine Kinder, komme ich mir oft schlichtweg fies vor. Umso härter wird es für mich, wenn ich Wurzeln brauche, da dies meistens das Ende für die Pflanze bedeutet.

In der Kräuterausbildung haben wir gelernt, dass man immer einen kleinen Kristall im entstandenen Loch hinterlässt, um seine Dankbarkeit und Wertschätzung auszudrücken und um der Erde etwas zurückzugeben. Diese Praxis gefällt mir sehr gut und hilft mir ein bisschen gegen mein schlechtes Gewissen. An diesem Tag aber lehrte mich der Geist einer Beinwellpflanze auf sehr humorvolle Weise, dass ich mir getrost weniger Sorgen machen kann und die Gaben der Natur ruhig annehmen darf.

Gnadenwald ist einer meiner liebsten Plätze rund um Innsbruck, der viele schöne Pfade durch die ganze Region zu bieten hat. Wenn man einem der breiten Rundwanderwege folgt, gelangt man zu einer Art Wasserspeicher, neben dem eine halbherzig abgezäunte Feuchtwiese liegt. Auf dieser Wiese findet man in manchen Jahren Dutzende von Beinwellpflanzen, die bis spät in den Sommer hinein purpurn blühen und ein Paradies für Bienen und Hummeln darstellen. Ich bewundere diese Pflanze nicht nur aufgrund ihrer Schönheit und der Tatsache, dass mir Raublattgewächse allgemein sehr sympathisch sind, vielmehr strahlt sie für mich eine tiefgehende und kraftvolle Liebe aus und ich habe den Eindruck, in ihr existiert eine besondere Bereitschaft zu helfen. Sie hat etwas unaufdringlich Mütterliches und eine Art wohlwollende Energie, von der ich mich nur allzu gerne einhüllen lasse.

Mit einem Kristall, Salz, Hirse und Grabwerkzeug – einem einzelnen Ast eines Hirschgeweihs – bestückt, spazierten wir los. An der Wiese angekommen, fühlte es sich überhaupt nicht richtig an, über den Zaun zu steigen und die passende Pflanze zu suchen. Ich sah mich für längere Zeit um, in der Hoffnung, dass es mich zu einem Beinwell hinziehen würde. Irgendwann war klar, auf der Wiese würde ich nicht fündig werden, also mussten wir woanders unser Glück suchen. Nur wenige Schritte weitergekommen, entdeckten wir direkt am Wegrand, leicht erhöht, ein junges, aber stattliches

Exemplar, das uns freundlich gesonnen schien. Ich dachte mir im ersten Moment: „Die ist noch zu jung, die mag ich gar nicht nehmen“, aber mein Freund meinte, sie könnte diejenige welche sein. Eigentlich ein Mann weniger Worte, begann er eine kleine Lobeshymne auf die Pflanze zu halten. Während ich versuchte, mit dem Geist der Pflanze Kontakt aufzunehmen um ihn zu fragen, ob es nicht möglich wäre, dass ich sie vielleicht... unter Umständen... netterweise... und in aller Bescheidenheit um ihre Wurzel bitten dürfe, und ihr erzählte, für welchen Zweck ich sie bräuchte, hörte ich ihn zu meinem Erstaunen immer noch reden. Ich weiß nicht mehr genau, was er sagte. Ich glaube aber, mich zu erinnern, dass er versuchte, mich davon zu überzeugen, dass dies die Richtige sei und ich sie doch einfach nehmen solle. Auf jeden Fall konnte ich mich nicht auf die Pflanze konzentrieren und herrschte ihn an, wegzugehen, da er die „Vibes“ stören würde.

In diesem Augenblick wurde mein Blick sogleich von ihm zurück zur jungen Frau Beinwell gezogen, die sich aufgrund meines Verhaltens kaputtzulachen schien. Man kann sich vorstellen, wie verblüfft ich war. Während ich in demütigster Demut versuchte, ein so ehrwürdiges Ritual wie nur irgend möglich durchzuführen, lachte mich die Pflanze schlichtweg aus. Schallend! Liebevoll zwar, wie wenn ein Kind eine witzige Dummheit begeht, aber schallend! Ich konnte gar nicht anders, als breit zu grinsen, so ansteckend war ihr Gelächter. Um meiner scheinbaren Albernheit noch die Krone aufzusetzen, sah ich sie jetzt auch noch sich vor mir verbeugen. So, als hätte sie ein barockes Kleid an, das sie an den Seiten mit spitzen Fingern hielt, machte sie einen höchst ironisch gemeinten Knicks vor mir und gab mir zu verstehen, dass ich ihre Wurzel gerne haben dürfe. Eine deutlichere Einladung kann sich wohl niemand erwarten; also begann ich, immer noch grinsend, zu buddeln.

Jedes Mal, wenn ich an die Situation denke, muss ich wieder in mich hineinlachen und bin immer noch überwältigt, wie humorvoll, ironisch und gleichzeitig liebevoll der Geist des Beinwells sein konnte. In alten Geschichten über das kleine Volk, zu dem die Naturgeister zählen, wird immer wieder berichtet, zu welch schrägem Humor sie fähig sind. Nicht in allen Geschichten geht dieser Humor für den Menschen gut aus, was ich am Untersberg selbst erleben durfte, aber hier zeigte mir der Witz der Situation etwas ganz anderes auf:

Pflanzen sind von sich aus bereit, ihr Sein für uns herzugeben. Werden sie mit Respekt behandelt, schenken sie uns ihre Gaben freiwillig. Diese Erkenntnis war für mich wie eine Art Erleuchtung. Ich fühle mich zwar noch immer nicht ganz wohl, wenn ich Kräuter sammle, aber zu wissen, dass sie gerne bereit sind, meinem Zweck zu dienen (solange dieser Zweck nicht die Gier ist!), macht mir das Pflücken ungemein leichter und erfüllt mich ein weiteres Mal mit tiefer Dankbarkeit.

Steinriesen im Navistal

Vor zwei Jahren hatte ich mir für meinen Urlaub vorgenommen, gleich ein paar Berge zu besteigen und Tirols beste Seite zu genießen. Schon länger hatte ich geplant, im Navistal wandern zu gehen, da das Gebirgspanorama am Ende des Tales außergewöhnlich schön ist.

Ende August war das Wetter wolkenlos strahlend und gegen zehn Uhr bereits schweißtreibend warm. Vom Parkplatz Grün aus stapfte ich in Richtung Peer Alm. Nach dem zwanzigminütigen, über einen breiten Forstweg verlaufenden Aufstieg ging ich weiter die Serpentinen aufwärts zur Zehenter Alm. Von unten schien mir der Weg recht kurz zu sein, aber irgendwie benötigte ich erstaunlich lange hinauf, und als ich keuchend oben ankam, war ich ganz froh, dass die Wirtschaft schon geschlossen hatte und verlassen war. Zu meiner Freude war keine Menschenseele unterwegs, nur ein paar, für meinen Geschmack viel zu schüchterne Haflinger und einige unbeeindruckte Kühe zierten den Weg. Somit konnten mein krebsfarbenes Haupt und ich die Sonne und den herrlichen Ausblick in seliger Ruhe und Einsamkeit genießen.

Die Berge bilden hier eine Art Kessel, der das Tal am Ende abschließt. Zwischen grünen, sanft geformten Berghängen und schroffen Gipfeln kann man einige Stunden lang auf einem leichten Rundwanderweg – der „Naviser Almenrunde“ – marschieren, bis man auf dem unteren Parkplatz wieder ankommt. Ich entschied mich aber, dem Pfad oberhalb der Alm zu folgen. Vielleicht würde ich ja noch die neu erbaute Kapelle finden.

So weit kam ich jedoch nie. Nur wenige hundert Meter von der Berghütte entfernt fand ich ein Plateau, das von einem kleinen Bach durchzogen und von ein paar Schafen bevölkert war. Es war so idyllisch dort, dass ich beschloss, mein Mittagessen gleich hier zu verspeisen und die Kapelle Kapelle sein zu lassen. Als ich den steilen Berghang vor mir hinaufblickte, zu großen Felsen und Steinen, die so aussahen, als könnten sie jederzeit über mich hinwegrollen, überkam mich das Gefühl, dass ich nicht mehr in menschlichem Hoheitsgebiet war. Ich fühlte mich, als würden enorme Wesen auf mich herabschauen, skeptisch, wer da in ihren Gefilden herumstreifte. Ich hatte den Eindruck, als wäre ich eine geduldete Außenstehende. Kurz dachte ich: „Das sind Riesen!“, wollte mich aber nicht einem romantischen Hirngespinst hingeben, nur weil da – ganz untypisch für ein Gebirge – große Steine herumstanden. Ich setzte mich, diesen Gedanken von mir weisend, neben das fröhlich plätschernde Bächlein. Während ich halb bewusst auf meinem Brot herumkaute und die Berglandschaft bewunderte, bemerkte ich, dass ich in einer leichten Senke saß, mit mehreren großen, scheinbar aufrechtstehenden Felsbrocken, von dammähnlichen Grashügeln umgeben.

Das Gestein fesselte meine Aufmerksamkeit, und bereits nach wenigen Sekunden entdeckte ich ein Gesicht in einem der Felsbrocken vor mir. Wieder drängte ich den Gedanken an mythische Steinwesen aus meinem Kopf, war es doch nicht mehr als ein Wunschgedanke. Außerdem sehe ich ständig irgendwelche Gesichter in Bäumen, Steinen und sogar dem Rauputz meiner Schlafzimmerwand. Trotzdem! Ich hatte niemals zuvor dieses intensive Gefühl gehabt, von Riesen umgeben zu sein! Eventuell war ja doch was dran, dachte ich mir, und ich beschloss, eine schamanische Technik anzuwenden, um der Sache auf den Grund zu gehen.

Nachdem ich mich mit meinen Krafttieren verbunden hatte, schaute ich wieder zu diesem Felsen, der ein Antlitz zu haben schien. Augenblicklich veränderte sich meine Wahrnehmung, der gesamte Steinbrocken schien ein Kopf zu sein, dessen Körper tief im Berg verwurzelt war. Ich hatte das Gefühl, neben einem riesigen, imposanten Wesen zu sitzen.

Im nächsten Moment zeigte sich wirklich ein Gesicht. Nicht dasselbe das ich zuvor gesehen hatte, aber sehr deutlich und ebenfalls mit der speziellen Form des Steines verbunden. Und er sah mich auch. Ich war so überrascht, dass mir nicht einfiel, was ich hätte sagen sollen. Ich grüßte ihn und versuchte stockend eine Konversation zu beginnen. Im Nachhinein könnte ich mir in den Hintern beißen, dass ich mir nicht vorher überlegt hatte, was ich fragen könnte. Es war auch extrem unhöflich – wenn so ein mächtiges, Jahrmillionen altes Wesen schon Kontakt gewährt, sollte man besser vorbereitet sein. Zum Glück kann ich mich nicht mehr genau erinnern, was ich so daherstammelte, aber ich weiß, dass ich auf Fragen, die nur meiner Neugier entspringen, noch nie eine Antwort bekommen habe. Nebenbei ist dieses erste Kennenlernen nicht geeignet, um Geheimnisse zu erfahren. Vollkommen überwältigt von dieser Begegnung, bat ich den Steinriesen schlussendlich einfach um eine Botschaft, egal welcher Art. Ich bekam sie.

In einer unerwarteten Eindringlichkeit und Bestimmtheit hörte ich die Worte ganz deutlich:

„Ihr müsst euch endlich erinnern, dass ihr die Erschaffer seid!“

Noch heute fühle ich einen Schauer durch meinen Körper laufen, wenn ich an diese Aussage denke. Sie wurde mit einer ermahnenden, beinahe ärgerlichen Vehemenz gesprochen, die keinen Zweifel daran ließ, welche Bedeutung sie für uns Menschen hat. Ich empfing ein Bild von uns, als wären wir alle Kinder, die noch nicht verstanden haben, dass sie dringend erwachen und aus ihrer Rolle herauswachsen müssen. Er vermittelte mir das Gefühl, dass wir mächtig und die Hüter dieses Planeten sind. Unser Bewusstsein erschafft die Realität, und würden wir erwachen und uns unserer Größe und vor allem unserer Aufgabe erinnern, könnten wir die Welt „richten".

Ich befürchte, dass mir die sprachlichen Mittel fehlen, um die Bedeutung dieser Botschaft spürbar zu machen. Für mich war dies aber eines von zwei Erlebnissen, bei denen ich den eigentlichen Wert der Menschheit für einen kurzen Augenblick erfassen durfte.

Die Verantwortlichkeit, die sich daraus ergab, ist seltsamerweise eine Erleichterung für mich. Ich glaube, die meisten von uns leiden an einer Form von kollektivem Selbsthass unserer Art gegenüber. Wenn man sich die negativen Auswirkungen des Menschseins auf der Erde anschaut, ist es zum Verzweifeln. An uns selbst nämlich. Als ich aber spüren durfte, wer wir sein können, oder besser – wer wir zu sein gedacht sind, stiegen in mir eine Kraft und eine Art von Stolz auf, die nur schwer zu beschreiben sind. Mir wurde klar, dass ich mit meinem Denken und Handeln immer einen Einfluss nehme, weil ich ein machtvolles Wesen bin, und dass das Bewahren dieses Planeten unser aller Zweck ist.

Alberto Villoldo hat hier meiner Meinung nach einen wunderbaren Zugang gefunden, wie wir uns selbst und letztendlich den Planeten retten können: Indem wir aus unserem

Jammertal der Hilflosigkeit und alten Wunden, Kränkungen, Verletzungen und – wie er es treffend nennt – aus unserer Opfergeschichte aussteigen und sie stattdessen in eine Heldengeschichte[1] verwandeln!

[1]Damit ist nicht gemeint, die Wunden einfach zu übergehen, sondern sie vielmehr zu heilen (Heldenweg), anstatt sich für immer mit der Opferrolle zu identifizieren und die Macht, die in uns schlummert abzugeben.

Gnome – Heiler im Wald

Als ich vor einigen Jahren in meine neue Wohnung übersiedelte, hatte ich viel Zeit, die Gegend zu erkunden, durch den Wald zu streifen, alle bekannten Wege auszuprobieren und Lieblingsplätze in der Natur zu entdecken. Vom Frühling an war ich viel unterwegs, und eines Tages kam ich an eine Stelle, die meine Aufmerksamkeit besonders auf sich zog. Mitten im Wald fand ich eine kleine Oase, von einem winzigen, teilweise angestauten Bächlein durchquert, das den steilen Waldboden an manchen Stellen so stark aushöhlte, dass kleine Grotten entstanden waren. Während ich den idyllischen Platz mit seinen großen Wurzeln und Erdeingängen bewunderte, wurde mir aus heiterem Himmel bewusst, dass dies ein Wohnort für Gnome war. Ich hatte bis dahin nicht ein einziges Mal darüber nachgedacht, was Gnome waren oder wie sie aussahen – es gab sie auf meinem Radar gar nicht wirklich. Zu dieser Zeit hatte ich auch erst angefangen schamanisch zu reisen, und hatte noch keine Erfahrungen mit Naturgeistern gemacht. Trotzdem wusste ich aus tiefster Überzeugung, dass hier diese scheuen Waldwesen lebten.

Ich versuchte, mit ihnen intuitiv zu kommunizieren, und zu meinem großen Erstaunen waren sie vollkommen offen und neugierig. Ich erzählte ihnen ein bisschen von mir und durfte spüren, wie sie hier unter der Erde lebten. Ich hatte von Anfang an den Eindruck, willkommen zu sein.

Im Laufe der letzten sieben Jahre bin ich sie immer wieder besuchen gegangen, immer wurde ich freundlich empfangen und immer baten sie mich, bald wieder zu kommen. Manchmal brachte ich eine kleine Aufmerksamkeit mit, manchmal wollten sie, dass ich ihnen etwas vorsinge. Auch eine Aufforderung zum wilden Tanz bekam ich einmal von den äußerst aufgeweckten Gnomkindern. Meistens aber saß ich einfach nur bei ihnen und genoss die Gesellschaft für eine Weile.

Als ich begann, meine Erlebnisse mit Naturgeistern aufzuschreiben, war klar, dass ich in diesem Fall nicht einfach loslegen konnte; ich musste um Erlaubnis fragen. Ich besuchte meine Freunde ein weiteres mal und erzählte ihnen von meinem Vorhaben. Während ich mit den Kindern sprach, die fröhlich um mich herumhüpften, kamen auch zwei der Erwachsenen dazu, die sich skeptisch zeigten. Sie hatten Angst, dass sie keine Ruhe mehr haben würden. Obwohl sich mir die Gnome als sehr offene Wesen zeigten, fürchteten sie sich, dass zu viele neugierige Menschen vorbeikommen würden und vielleicht sogar solche, die keinen Respekt vor den Naturwesen hätten. Diese Sorge ist auch der Grund, warum ich nicht genauer beschreibe, wo ihre Heimstatt zu finden ist.

Zum ersten Mal, seit ich begonnen hatte, in unregelmäßigen Abständen bei ihnen vorbeizuschauen, erschien einer ihrer Ältesten. Er unterschied sich davon, wie ich ihre Kinder wahrnahm, entscheidend. Er hatte einen Stock bei sich und sein Gesicht war mit mir unbekannten Zeichen bemalt. Ich fühlte mich sehr geehrt, ihn kennenlernen zu dürfen, und gleichzeitig wurde mir klar, wie heikel die Sache war. Ich konnte erkennen, dass es ihnen recht wäre, in meinen Erzählungen einen Platz einzunehmen, andererseits war die Angst davor, nicht mehr in diesem Teil des Waldes leben zu können, ebenso groß. Der Älteste hörte sich an, was ich geplant hatte, und gab mir zu verstehen, dass sie sich beraten müssten. Ich würde dann eine Antwort erhalten.

Vollkommen zufrieden machte ich mich auf den Heimweg. Nach weniger als fünfzehn Minuten spürte ich die Anwesenheit des Ältesten. Er gab mir die Erlaubnis, über sie schreiben zu dürfen, allerdings unter der Bedingung, den Ort, an dem sie lebten, nicht zu offenbaren, oder durch zu genaue Beschreibungen ungewollt zu verraten. Daran wollte ich mich sehr gerne halten, denn auch mir war es wichtig, dass sie unbehelligt blieben.

Während ich mir überlegte, was ich gerne über sie erzählen wollte, bemerkte ich, dass sich unsere Beziehung bis jetzt wunderbarerweise auf ein angenehmes Beisammensein beschränkt hatte, ich allerdings – auch nach der langen Zeit – so gut wie nichts von ihnen wusste. Ich beschloss, sie zu fragen, was sie selbst gerne von sich preisgeben wollten. Wieder marschierte ich zu ihrem Wohnplatz, der jetzt im März von entzückenden Pestwurzen geschmückt war, und bat sie um ihre Botschaften. In lebendigen Bildern bekam ich tiefe Einblicke in ihr tägliches Wirken und vor allem das überwältigend schöne Lebensgefühl, das ihnen zu eigen ist.

Ich blickte zu der – wie mir scheint – Hauptgrotte und sah einen der erwachsenen Gnome, wie er sich in seiner Höhle an die lehmige Wand schmiegte. Auf diese Weise zeigte er mir, wie sehr er die feuchte, dunkle Erde des Waldes liebte, sowohl ihren Geruch als auch ihre Konsistenz. Auch seine gleichermaßen starke Liebe zum Duft der Wurzeln ließ er mich deutlich spüren. Ich beobachtete, wie er Käfer, Moose und Würmer als Nahrung zu sich nahm, und wie er die äußere Schicht ausgewählter Wurzeln aß. Für ihn der reinste Genuss.

Ich fragte ihn, welche Aufgabe die Gnome im Wald übernehmen, und sofort erkannte ich, dass sie eine wichtige

Rolle innehaben, um das Ökosystem des Waldes aufrechtzuerhalten: Sie kümmern sich vor allem um die Wurzeln der Bäume, Sträucher und anderer Pflanzen, unterstützen sie in ihrem Wachstum, leiten sie unterirdisch in die richtige Richtung und heilen sie, wenn nötig. Sie schaffen Ordnung in einer Form, die ich mit meinem menschlichen Geist nicht erfassen kann. Aber das Gefühl, das er mir übermittelte, war so harmonisch, friedlich und vollkommen von Sinn erfüllt, dass ich richtiggehend Sehnsucht bekommen habe, ein Teil davon zu sein.

Auch die Kinder übernehmen eine wichtige Funktion. Mit ihrer ansteckenden Fröhlichkeit und vollkommenen Unbedarftheit, bringen sie den Pflanzen Licht und Freude. Ich konnte sehen, wie eine große Fichte beinahe kichernd auf eines der tollenden Kinder herabblickte. Während sie durch den Wald kugelten, erschufen sie Heiterkeit und Leichtigkeit unter den Pflanzen. Besonders verbunden scheinen die Kleinen mit den Pilzen zu sein. Vor allem den Fliegenpilzen.

Ich bekam die Information, dass sie sich deshalb den Pilzen so nahe fühlen, weil diese ihnen in ihrer Art ähneln. Worauf sich dies bezieht, ist mir nicht ganz klar, aber ich hatte den Eindruck, dass beide durch ihre Leichtigkeit und ihren Frohsinn eine Art Verwandtschaft teilen.

Die Ältesten unterrichten aufgrund ihrer Erfahrung und ihres umfassenden Wissens die Erwachsenen in ihren Aufgaben und bestimmen über die Gruppe. Ich konnte eine Weisheit spüren, die sich weniger im Geiste als in einer *absoluten Erdung* manifestierte. Während ich nach langem Üben bestenfalls von „gut verwurzelt sein“ sprechen kann, ist dieses Wesen *die Wurzel selbst*! Es strahlt eine Kraft aus, die von der Erde kommt und ausschließlich ihr dient. Die gesamte

Existenz dieser Waldgeister ist einzig ihren Aufgaben gewidmet.

Ein wunderschönes, befreiendes Gefühl der Hingabe an ein Selbst, das nicht von der Erde zu trennen ist, stellte sich ein. Noch nie zuvor durfte ich Handeln, Denken und Fühlen als ein und dasselbe erleben, nie spürte ich diese Einheit innerhalb des gesamten Seins in irgendeiner ähnlich absoluten Form. Ich bezweifle, dass ich je diesen Zustand von selbstverständlicher Glückseligkeit erreichen kann, vielleicht nicht einmal dann, wenn ich meine Bestimmung gefunden habe und leben kann.

Trotz all dieser Kraft und Einheit, die ich für einige Momente erfahren durfte, entging mir aber auch nicht die Tatsache, wie zerbrechlich diese Naturgeister sind. Bevor mir die Bilder gezeigt wurden, konnte ich eine kleine Unterhaltung mit einer der vielen Pestwurzen führen. Sie erzählte mir, dass sie gerne hier wuchs, weil sie den Gnomen ähnlich war, sie liebte die feuchte Erde ebenso. Auch hier war wieder eine Art Verwandtschaft zwischen Pflanze und Naturgeist zu spüren. Mir kam der Gedanke, was wohl geschehen würde, würde der Bach austrocknen. Würden sie dann um die Ressource Wasser streiten? Für die Pestwurz war sonnenklar, sie würde sich einfach nicht mehr hier ansiedeln. Für sie schien diese Möglichkeit kaum problematisch zu sein. Die Gnome hingegen müssten tiefer in die Erde eindringen; Trockenheit schien sie auf mehreren Ebenen zu beeinträchtigen. Ich hatte den Eindruck, dass sie diesbezüglich leicht verletzbar sind.

Umso bewundernswerter ist, dass sie uns so offen gegenüberstehen und erklären, bei welchem Umgang sie sich wohl fühlen: Abgesehen davon, dass meiner Meinung nach Respekt und Achtung sowieso die Voraussetzung darstellen, um mit Naturwesen Kontakt aufzunehmen, ließ mich der Gnom spüren, dass sie sich in erster Linie Anerkennung für ihr Dasein wünschen; schlichtweg für das, was sie *sind.*

Sie finden es schön, wenn man ihnen kleine Aufmerksamkeiten mitbringt. Nüsse zum Beispiel oder auch Rosinen mögen sie gerne. Gesang genießen sie ebenfalls, wobei ich, abgesehen von „Amazing Grace", noch nie das richtige Lied gefunden habe. Den Text dazu werde ich mir allerdings auch in hundert Jahren noch nicht merken können. Trotzdem, diese Melodie lieben sie seltsamerweise alle, ob Pflanzen- oder Naturgeister.

Oft reicht schon ein schöner, mit Liebe gesammelter Stein oder das Formen eines Mandalas mit Fichtenzapfen. Was genau man macht, spielt eigentlich keine große Rolle, Hauptsache, es kommt von Herzen.

Ich wünschte, es würde mir gelingen, zu vermitteln, welch außergewöhnliche Individuen die Gnome sind. Ihre Verbundenheit mit der Erde, vielmehr: ihr *Erde-Sein* spüren zu dürfen, könnte so viel in uns heilen, wo es uns so schmerzlich an dieser Verbundenheit mangelt.

Diffuse Sehnsüchte, die mich, und wahrscheinlich viele andere, schon ein ganzes Leben lang begleiteten, waren in diesem Gefühl vollkommen erfüllt. Ich bin unendlich dankbar für diese Erfahrung!

Auszug:

Amazing grace
How sweet the sound
That saved a wretch like me
I once was lost
But now I'm found
I was blind, but now I see

'Twas grace that taught my heart to feel
And grace my fears relieved
How precious did that grace appear
The hour I first believed

When we've been there ten thousand years
Bright shining as the sun
We've no less days to sing God's praise
Than when we first begun

Amazing grace
How sweet the sound
That saved a wretch like me
I once was lost
But now I'm found
Was blind but now (I) I see

Die Traurigkeit der Birken

Ein interessantes und lehrreiches Erlebnis hatte ich 2014 bei dem „Naturgeister“ Seminar der Foundation for Shamanic Studies in Reith bei Seefeld. Wer jemals die Möglichkeit hat, in diesem kunstvollen Haus mit seinen speziell für die schamanische Arbeit ausgebauten Räumen einen Kurs zu besuchen, sollte sich die Gelegenheit nicht entgehen lassen. Auch gelingt es dem Leiter, mit seinem Humor jedes Mal eine heitere und gleichzeitig fokussierte Stimmung zu erschaffen. Dies war mit der Grund, warum ich beschloss, mir dieses dreitätige Seminar als Geburtstagsgeschenk zu machen, der genau an jenem Wochenende war. Ich bereue meine Entscheidung nicht im Geringsten.

Am zweiten Tag fuhren wir mit dem Auto zu einem Waldstück, um mehrere Übungen zu machen. Unter anderem ging es um die Verschmelzung mit einem Baumgeist. Nachdem wir von unseren Alleingängen zurückkamen, wanderten wir zu einem Platz, an dem hauptsächlich Nadelbäume zu finden waren. Wie in einem Kessel saßen wir zwischen Fichten und Kiefern, während wir unterrichtet wurden. Wir sollten wieder die Gegend erkunden, bis wir uns von einem Baum angezogen fühlten, und den Baumgeist dann um Verschmelzung bitten. Mit unserem Geist würden wir in seinen Stamm hineingehen und spüren, wie es sich als Baum anfühlt – von den Wurzeln bis zur Baumkrone. Ganz genau kann ich mich nicht mehr an die Instruktionen erinnern; ich habe mir diese nicht präzise notiert, und nebenbei ist es nun doch ein Weilchen her. Man möge mir also bitte verzeihen, wenn ich nicht ganz wortgetreu berichte.

Während meine Kolleginnen ausschwärmten, um ihren Baum zu finden, hatte ich schon seit einer Weile eine zarte Birke im Auge, die ein kleines Stück den Hang hinaufwuchs. Ich ging zu ihr und fragte sie, ob ich mit ihr verschmelzen dürfe. Augenblicklich spürte ich einen Sog, hatte ein Gefühl von Leichtigkeit und verspürte sogar einen angenehmen Schwindel. Es fühlte sich sehr schön an, in ihrem Stamm zu sein, ich konnte spüren, wie Wasser in unzähligen Bahnen durch sie strömte und dass ständig eine fließende Bewegung zwischen Wurzeln und Krone stattfand. Während ich langsam nach oben glitt, bat ich sie, die Welt mit ihren Augen sehen zu dürfen. Ich bekam sofort eine Botschaft, die mit Weiblichkeit zu tun hatte und wahrscheinlich ihren Blick auf mich beschrieb. Obwohl ich zu dieser Zeit so eine wertschätzende Sichtweise auf mich definitiv gut gebrauchen konnte – es haperte gerade ein bisschen mit der Selbstliebe – wollte ich aus ebendiesem, mir viel zu bedürftigen Grund, lieber etwas über sie erfahren. Also bat ich sie, mir etwas von sich zu zeigen, das unabhängig von mir war. Kaum, dass ich diese Bitte ausgesprochen hatte, sah ich einen Film vor meinem Geiste ablaufen. Ich beobachtete sie, wie sie nachts ihren Platz verließ und sich in einer strahlenden Form ihrer selbst schwebend und vollkommen frei bewegte. Sie wollte andere Bereiche des Waldes erkunden, weil sie sich hier, wo sie verwurzelt war, nicht besonders wohlfühlte. Sie war einsam! Ich hatte den Eindruck, dass ihr der Kontakt zu anderen Birken fehlte.

Während ich dieses Gefühl des Alleinseins einfach für eine Weile in mir stehen ließ, fiel mir ein, dass auf meinem Balkon eine winzige Birke wuchs. Sie hatte sich im Vorjahr dort selbst ausgesät und war ebenfalls von ihren Artgenossen vollkommen abgeschnitten. In Gedanken versuchte ich, zu meiner blättrigen Mitbewohnerin Kontakt auf zu nehmen und die beiden miteinander zu verbinden. Ich wollte der Birke im Wald auf diese Weise eine Art kleine Schwester zur Seite stellen. Ob es funktioniert hat, kann ich nicht sagen. Das Bäumchen auf meinem immer sehr heißen und vom Wind aus dem Wipptal gebeutelten Balkon, überlebte leider den Sommer im nächsten Jahr nicht.

Noch immer in der Verschmelzung mit der Birke im Wald, ließ sie mich spüren, welche Probleme sie mit der Luft hatte. Die Flugzeuge stellten für sie – damals noch zu meiner Überraschung – eine extreme Belastung dar. Die Verbindung war so stark, dass ich plötzlich selbst nur schwer atmen konnte. Es fühlte sich an wie Asthma: man versucht krampfhaft einzuatmen, aber nur wenig Luft erreicht die Lungen. Mir fiel nichts anderes ein, als den Luftgeist um Hilfe zu bitten. Ich beobachtete, wie die Blätter aufgewirbelt wurden und die erstickende Empfindung verschwand auf der Stelle.

Die liebevolle Birke hatte aber noch mehr zu vermitteln. So ließ sie mich daran teilhaben, wie es sich als Baum, unabhängig von ihrer persönlichen Situation, anfühlt: Mich durchströmte eine Welle von Stärke, Weiblichkeit und diese natürliche Selbstverständlichkeit *zu sein*, die ich noch bei keinem Menschen jemals empfunden hätte. Franzosen ausgenommen.

Bevor ich mich von der Birke verabschiedete, ließ sie mich noch an ihrer verzweifelten Angst vor dem hiesigen Förster teilhaben. Dieser schien ihr negative, fast schon aggressive, Gefühle entgegenzubringen, so als hätte er geplant, sie bald zu fällen. Mir wurde ebenfalls äußerst mulmig zumute und ich bekam Angst um das Leben dieses liebevollen Baumes. Ich frage mich immer noch, ob sie wohl noch an ihrem Platz steht oder dem Laubbaumsterben zum Opfer gefallen ist.

Damals jedenfalls malte ich, ohne darüber nachzudenken oder zu wissen, was ich da tue, mit dem Finger ein unbekanntes Zeichen auf ihre Rinde und formte einen Wirbel in der Luft um ihren Stamm herum. Nach etwas Recherche fand ich das Zeichen auch im Internet – es war ein keltisches Schutzzeichen. Ich weiß bis heute nicht, woher diese Eingebung kam, aber es zeigt mir, dass ich von einer liebevollen Kraft geführt war. Ich dankte der Birke und versuchte, ihr meine Liebe zu übermitteln, bevor ich endgültig aus der Verschmelzung ging.

Dieses Erlebnis zeigte mir wieder einmal, dass Pflanzengeister sehr wohl dem Menschen ähnliche Emotionen besitzen. Die Angst der Birke vor dem Sterben und ihre Traurigkeit, weil sie einsam war, empfand ich nicht weniger intensiv als bei Personen in ähnlichen Lebenssituationen.

Eine vergleichbare Erfahrung mit einer bereits gefällten Birke machte ich Jahre später auf einem Spaziergang in Natters. Es war ein warmer Herbstnachmittag, als ich durch den Wald hinter dem Eichhof wanderte und ein Stück abseits des Weges den geschlagenen Stamm einer jungen Birke sah. Ich überlegte mir, dass dies eine gute Gelegenheit sei, um etwas von der Rinde zu sammeln, da der Baum ja ohnehin schon tot war. Trotzdem fragte ich die Birke, ob ich etwas von ihrer Borke haben dürfe, da ich brennbare Naturmaterialien zum Feuer machen sammeln wollte. Als ich mich niederkniete und anfing, eine passende Stelle zum Abzupfen zu suchen, fühlte es sich so gar nicht richtig an. Ich bemühte mich, mit der scheinbar toten Birke Kontakt aufzunehmen, als ich eine seltsame Verzweiflung und Einsamkeit spürte. Mir drängte sich das grausige Gefühl auf, dass dieser Pflanzengeist festsaß – irgendwie wirkte er im Stamm begraben, ohne die Möglichkeit, zu entkommen oder auch nur eine Idee, wie es weitergehen könne. Ich verband mich mit der Heilerin aus meiner (schamanischen) unteren Welt und bat sie, Heilung durch mich durchfließen zu lassen. Ich legte dazu meine Handflächen auf den Stamm und versuchte wahrzunehmen, was geschah. Plötzlich hatte ich die Eingebung, die Frühlingsgöttin Brigid um Hilfe zu bitten. Mit ihr hatte ich bei einer anderen Gelegenheit schon einmal Kontakt gehabt, und auch damals schien sie auf besondere Weise mit einer Birke verbunden zu sein. Wie damals erschien sie mir auch jetzt wieder als hochgewachsene Frau mit hüftlangem Haar im langen Kleid, und wieder stach ihr Wandeln auf nackten Füßen hervor. Was mir das sagen soll, ist mir nicht klar, aber es war beide Male ein wunderschönes Bild, das ich erhielt.

Auf sehr liebevolle Art nahm sie den armen Geist des Baumes zu sich. Ich bekam den Eindruck, als wäre die kleine Birke einer ihrer wohlbehüteten Schützlinge. Während sie ihn hochhob, wirkte der Pflanzengeist wie ein verzweifeltes Kind auf mich, das endlich von seiner fürsorglichen Mutter getröstet wird. Brigid hielt ihn und bevor sie mit ihm verschwand, meinte sie, ich solle noch kurz warten. Das tat ich selbstverständlich gerne.

Ich hatte keine Ahnung, was mich erwartete. Als sie zurückkehrte, dankte sie mir für meine Hilfe! Ich tat mich schwer, das zu erfassen. Allein diese Geste berührte mich tief, spürte ich doch ihre Wertschätzung für mich. Dem nicht genug, wies sie mich an, meine Hände zu öffnen. Als ich es tat, legte sie ihren Segen hinein. Mehrere Sekunden lang nahm ich wahr, wie eine helle und kraftvolle Energie zu mir floss.

Wenn ich mich heute zurückerinnere, bekomme ich einen Kloß im Hals, so sehr berührt mich ihre Gnade. Damals war ich schlichtweg überfordert und nahm den Segen einfach dankbar an.

Was mich immer noch ins Grübeln bringt und ziemlich traurig macht, ist die Erfahrung, zu welch großem Leid Baumgeister und somit wahrscheinlich alle Pflanzengeister fähig sind. Ich dachte immer, Bäume wären von Natur aus mit Mutter Erde verbunden und könnten zwar unter Umweltbedingungen und Kahlschlag leiden, aber nicht unter Einsamkeit.

Wenn ich jedoch daran denke, dass Pflanzenarten generell gerne in Gruppen zusammenstehen, frage ich mich, ob es anderen Laubbäumen auch so geht, in Anbetracht unserer Fichtenmonokulturen?! (Nichts gegen die tapfere Fichte!) Und warum war es für die Beinwellpflanze kein Problem, ihr Leben für mich zu geben, während die Birke Angst vor dem Sterben hatte?

Ich kann mir diese Fragen nicht beantworten, aber ich bin mir fast sicher, dass die geistige Haltung, die wir den Pflanzen entgegenbringen, eine wichtige Rolle spielt. Tompkins und Bird[2] konnten dieses Phänomen, dass Pflanzen auf die emotionale Verfassung der Menschen reagieren und deren „böse" Absichten Angst bei ihnen erzeugt, bereits in den 1970ern beobachten.

Ich spinne mal so vor mich hin: Was wäre, wenn man den Baum liebevoll um sein Holz bitten könnte, würde das etwas

---

[2]Tompkins, P. und Bird, C. 1977: Das geheime Leben der Pflanzen. Pflanzen als Lebewesen mit Charakter und Seele und ihre Reaktionen in den physischen und emotionalen Beziehungen zu Menschen

ändern? Welchen Einfluss hätte das auf das Ökosystem des Waldes? Eine solche Praxis würde allerdings ein vollkommen anderes Bewusstsein im Menschen voraussetzen und jegliches Profitdenken unmöglich machen.

Es gibt Schlimmeres, würde ich sagen.

Der Klabauter und die Schlüssel

Vor etwa drei Jahren hatte ich ein unglaubliches Erlebnis. Ich habe schon viele ungewöhnliche Dinge erlebt, aber hier zweifelte ich kurz an meinem Verstand, denn es hatte einen unmittelbaren und sichtbaren Einfluss auf die materielle Realität.

Es war am Geburtstag meiner Schwester, als ich am Nachmittag eine Freundin besuchte, die mir das schamanische Reisen beigebracht hatte. Einige Jahre lang arbeiteten wir gemeinsam an unseren Themen, und ich konnte in dieser Zeit auch regelmäßig schamanische Heilarbeit an ihr üben. Diese Treffen waren meistens mit gutem Essen und interessanten Gesprächen verbunden.

An jenem Tag hatten wir ausgemacht, wieder eine Sitzung zu machen, bevor ich nach Innsbruck zur Feier meiner Schwester fahren würde. Wir trommelten und bearbeiteten unsere Anliegen, danach plauderten wir noch ein Weilchen und tauschten uns über die spannenden Reisen aus, bevor es für mich Zeit wurde aufzubrechen. Ich packte meine Trommel und meine Handtasche, die aus einem größeren und zwei kleinen Außenfächern bestand. Während wir bei meinem Auto standen und uns verabschiedeten, nestelte ich unentwegt in der Tasche herum und konnte meinen Schlüssel nicht finden. Wieder einmal. Handtaschen sind in Wirklichkeit Handlanger der grauen Herren, vor denen Momo schon flüchtete! Zeit- und Lebenskrafträuber! Die meisten Frauen werden mir da recht geben.

Für gewöhnlich taucht das gewünschte Objekt spätestens dann auf, wenn ich voller Wut und unter wüsten Flüchen den

Inhalt der verflixten Tasche auf den Boden ausleere. Diesmal nicht.

Gemeinsam durchwühlten wir das unsägliche Teil, drehten es um, bis das Innenfutter lose heraushing. Auch die kleinen Fächer waren nach außen gekehrt. Nichts! Also musste der Schlüsselbund irgendwie in ihrer Wohnung herausgefallen sein. Nach zehn Minuten intensiven Suchens war klar: hier war er auch nicht. Also noch mal das ganze Spiel mit der Tasche. Ausleeren, umdrehen, Innen nach Außen kehren. Nichts. Insgesamt durchsuchten wir den Beutel ungefähr viermal und noch mindestens einmal ihre Küche und das Arbeitszimmer, bis es keinen Zweifel mehr gab: der Schlüssel war verschwunden. Langsam kam mir die Geschichte seltsam vor. Dummerweise befanden sich auf dem Bund sowohl mein einziger Autoschlüssel als auch mein einziger Wohnungsschlüssel. Ich hatte beide nur in einfacher Ausführung und wusste nicht mehr, wie ich mein Auto wieder in Besitz nehmen könnte. Um in die Wohnung zu kommen, rief ich meinen Vermieter an, der mir den Zweitschlüssel hinterlegte, so dass ich wenigstens nicht heimatlos sein würde.

Nichtsdestotrotz wollte ich jetzt wissen, was die Ursache dieses mysteriösen Verschwindens war. Wir packten die Trommeln also wieder aus und machten eine schamanische Reise mit der Bitte um Erklärung.

Sofort erschien mir der Geist des Hauses, der mir mitteilte, dass er meinen Schlüssel genommen hatte. Auf meine Frage, warum er das getan hatte, zeigte er mir ein Bild der Straße, auf der ich zur Feier nach Innsbruck gefahren wäre und machte mir deutlich, dass ich einen Unfall gehabt hätte. Ich fragte ihn, wie lange ich noch in Gefahr sein würde, und bekam die Antwort, dass ich den gesamten Abend nicht ins

Auto steigen solle. Diese düstere, jedoch äußerst klare Ansage ließ mich nicht daran zweifeln, dass ich besser auf ihn hören sollte.

Nach der Reise fragte ich auch meine Freundin, welche Erkenntnisse sie bekommen hatte. Sie hatte dieselbe Botschaft erhalten. Würde ich mit dem Auto fahren, würde ich zu Schaden kommen. Gleichsam irritiert, wie auch dankbar, nahm ich die Tatsache hin, dass heute nichts mehr mit Feiern war, darum beschloss ich, einfach nach Hause zu gehen. Zum Glück hatte meine Schwester, die nicht an meinen Erzählungen zweifelte, Verständnis, und war dem Kobold sogar dankbar dafür, dass er mich vor Unheil bewahrt hatte. Endlich konnte ich mich von meiner Freundin verabschieden und machte mich zu Fuß auf den kurzen Heimweg.

Der nächste Tag war ein Sonntag, und beim Frühstück grübelte ich, wie ich am besten heute noch in mein Auto kommen könnte, benötigte ich es doch montagmorgens für die Arbeit. Ich befürchtete, dass ein Schlüsseldienst mein inbrünstig geliebtes und allerhübschestes Gefährt beschädigen würde. Ich war auch nicht übermäßig zuversichtlich, dass am Sonntag jemand zur Verfügung stehen würde. Während ich mit diesen Gedanken im Kopf rastlos durch die Küche zappelte, fiel mein Blick auf meine Handtasche, die vollkommen unschuldig an der Türe hing. Wider besseren Wissens hatte ich den Impuls, noch einmal in das Außenfach zu schauen, wo der Schlüssel für gewöhnlich verstaut war. Ich kam mir wie eine Irre vor, die noch ein weiteres Mal mit dem Kopf gegen dieselbe Wand rennt, weil sie noch nicht kapiert hat, dass es da nicht weitergeht.

Mit Pauken und Posaunen fiel ich aus allen Wolken, als ich in das äußere Fach griff und mit einem Mal den laut klimperten Bund in meiner Hand hielt.

Ich habe inzwischen schon viele „verrückte“ Dinge erlebt, für die mich ein Psychiater bedrohlich schief anschauen würde, aber so etwas hatte und habe ich bis heute kein weiters Mal erlebt. Es war absolut unmöglich, dass wir beide den Schlüssel übersehen hatten, bei dem ganzen Wühlen und Ausleeren. Alkohol hatten wir auch keinen getrunken, wie war es also möglich, dass der gesamte Bund plötzlich wieder da war, als wäre nie etwas geschehen?

Konnte der Hausgeist den Schlüssel einfach von der materiellen Realitätsebene verschwinden lassen oder vermochte er nur unsere Wahrnehmung so zu verändern, dass wir ihn nicht sahen, obwohl er die ganze Zeit über da war? Auf jeden Fall bin ich zutiefst beeindruckt, was offensichtlich möglich ist und wie scheinbar unumstößliche Naturgesetze keine Rolle mehr spielen. Zu schade, dass sich dieses Erlebnis nicht verifizieren lässt.

Das eigentlich Wichtige an diesem Ereignis aber ist die Tatsache, dass ein Naturwesen eingeschritten ist, um mich vor Schaden oder sogar Schlimmerem zu bewahren. Ich hatte nie zuvor Kontakt zu dem Kobold, er hatte also keinen Grund, mich zu schützen. Trotzdem tat er es, und war dann auch noch so zuvorkommend, mir die Probleme zu ersparen, die das Aufbrechen meines Autos mit sich gebracht hätte.

In alten Märchen über die Saligen[3] beispielsweise wird immer wieder davon berichtet, wie Naturgeister Menschen helfen, ohne dafür etwas zu verlangen. Nie hätte ich geglaubt, dass ich Teil einer dieser Geschichten werden könnte.

---

[3]Salige Frauen sind Wesen aus den Sagen (vor allem) der Alpenregion. Sie sind scheu, aber meistens hilfsbereit. Werden sie verärgert, können sie auch gefährlich sein.

Ich hoffe, es gelingt mir irgendwann, dem Klabauter meine ehrliche Dankbarkeit zu vermitteln, wenn das aufgeregte Gefühl dieses Ereignisses nachlässt. Bis jetzt ist das aber noch nicht geschehen.

Ich möchte an dieser Stelle noch erzählen, was sich ereignete, als ich begann, die Geschichte über den Klabauter aufzuschreiben (es war einfach zu entzückend!). Ursprünglich hätte sie geheißen: „Der Hausgnom und die Autoschlüssel", aber als ich mich zum Computer setzte, überkam mich das starke Gefühl, dass es sich in Wirklichkeit um einen Kobold handelte. Nachdem meine Freundin ihn aber als Gnom bezeichnete, und ich ihn in der schamanischen Reise nicht gefragt hatte, welches Wesen er genau sei, schrieb ich den gesamten Text über einen vermeintlichen Gnom. Während ich vor mich hin tippte, fing es in meinem Wohnzimmer an, laut zu werden. Immer wieder wurde ich von Geräuschen, die ich nicht genau zuordnen konnte, abgelenkt, und auch meine eigenen Hausgeisterchen waren recht unruhig in ihrem Korb auf dem Bücherregal. Ständig knackte oder raschelte es irgendwo, das Licht der Küchenzeile veränderte sich auch immer wieder, so dass ich mehrmals aufsah. Als ich bereits am Ende der Erzählung war, kam ich auf die Idee, zu fragen, wer da bei mir herumgeisterte. Sofort war klar, dass *er* es war. Zuerst freute ich mich einfach über seinen Besuch, auch weil es ihm sichtlich gefiel, dass ich über ihn schrieb. Bald getraute ich mich aber doch, ihn zu fragen, ob er nun ein Gnom oder ein Kobold sei. Prompt bekam ich die Antwort: er sei ein *Klabauter.* Im ersten Moment war mir ein wenig seltsam zumute, weil ich aus irgendeinem unerfindlichen Grund die Assoziation im Kopf hatte, dass der Klabauter der

Leibhaftige sei. Dieser Gedanke löste sich aber sofort wieder auf, als er sagte, sie seien eine Art der Kobolde. Ich schämte mich auch ein bisschen, weil ich kurz in die alte christliche Verunglimpfung gefallen war, dass alle Naturgeister Teufel seien. Offensichtlich bin ich doch mehr durch die Kirche geprägt als durchs Fernsehen, sonst wäre mir wohl gleich Meister Eders Pumuckl eingefallen. Bis dahin war mir auch nicht klar, dass es tatsächlich Klabautermänner gab, ich dachte, es sei eine Erfindung der Filmindustrie.

Als ich dann das Internet befragte, fand ich heraus, dass Klabauter eigentlich Kobolde der Schifffahrt sind, die die Mannschaft vor Gefahren warnen. Vielleicht ist das ja nur ein Teil ihres Wirkungsbereichs?

Auf jeden Fall ist er ein hilfreicher Geist, der mir wahrscheinlich das Leben gerettet hat!

Als ich die Geschichte umbenannt hatte, war es mit einem Male wieder vollkommen still in meiner Wohnung. Ganz offensichtlich war es ihm wichtig, klarzustellen, wer er wirklich war. Ein liebevoller Klabauter!

Geschenk von Mutter Erde

Ein weiteres Erlebnis, bei dem ich erfahren durfte, dass die materielle Welt nicht ganz so unbeeinflusst vom Geist existiert, hatte ich einmal an einem schönen Wintertag. Natters verschwand beinahe unter einer dichten Schneedecke. Der Himmel war trübe, es schneite sogar immer wieder leicht, und der Wald war noch menschenleerer als sonst. Ich liebe dieses Wetter, so wie ich auch Nebel und Regen gerne mag, irgendwie fühle ich mich dann oft besonders wach und motiviert.

Ein paar Tage zuvor hatte ich in einer schamanischen Reise den schönen Auftrag bekommen, in die Natur zu gehen und eine Zeremonie für Mutter Erde zu machen. Ich hatte sofort ein Bild davon, wo ich dieses Ritual durchführen wollte.

Auf meiner üblichen Runde im Wald gibt es eine versteckte Stelle, zu der ich manchmal gehe, um Kontakt mit der Natur aufzunehmen, um Rat zu fragen oder einfach ein bisschen friedlich vor mich hinzusitzen. Der Platz schien mir perfekt geeignet, um meinen Auftrag zu erfüllen. Mit Räucherwerk, Salz, Hirse und Rassel bestückt, stapfte ich durch den fast kniehohen Schnee bis zu dem kleinen Bächlein, das den allgemeinen Weg kreuzt. Dem Wasser entlang führt ein winziger, eigentlich nicht als solcher erkennbare Trampelpfad, der nur von Rehen benützt wird, ein kleines Stück in den Wald hinein. Man muss sich mehr oder weniger durchs Dickicht von jungen Fichten, Holunder- und Haselnussstauden drängen, und der einzige Weg durch das Gebüsch ist ein verschlungener und sehr schmaler Steig, von dem man nicht abweichen kann, ohne einen Ast im Gesicht zu haben oder im Wasser zu landen. Man kann sich die meiste Zeit innerhalb eines Rahmens von etwa dreißig Zentimetern bewegen, mehr Raum gibt es nicht, dafür aber lernt man den Boden dort wirklich gut kennen. Teilweise ist man sogar gezwungen, in demütigster Haltung zu wandeln – sprich auf allen Vieren zu krabbeln –, damit man zu jener Stelle kommt, an der man dann wieder freier direkt am Bach unter einer großen, alten Haselnuss sitzen kann. Auch hier ist es recht abschüssig zum Ufer hin, und gemütlich sitzen ist eher schwierig; der Platz hat mich aber immer schon angezogen.

Nachdem ich die Flora der hiesigen Landschaft aus Frisur und Wollkleid entfernt hatte, packte ich meine Utensilien aus, zündete einen Räucherkegel an, den ich auf einen flachen Stein stellte, und gab feierlich Hirse und Salz dazu. Es war ein sehr schönes Bild, als sich der Rauch des Kegels mit dem Plätschern des Bächleins wie zu einem Tanz vereinigte, wie das Eis Skulpturen ins Wasser modellierte und der tiefe Schnee zwischen den Bäumen eine unberührbare Stille vermittelte.

Ich nahm meine Rassel und begann eine Art Dankbarkeitsgebet zu sprechen. Es war mir wichtig, Mutter Erde zu ehren, und ihr mitzuteilen, wie sehr ich ihre Gaben und Schönheit zu schätzen weiß. Soweit ich mich erinnern kann, bat ich auch, dass Heilung durch mich durch – zu ihr hinfließen möge. Als der Kegel abgebrannt war, war auch ich fertig und begann meine Sachen wieder zusammenzupacken. Es wurde langsam von unten herauf ziemlich feucht. Wie gesagt, sitzen, vor allem im Schnee, ist etwas kompliziert dort.

Ich war erst einige Meter weit gekommen, als vor mir, direkt auf dem Pfad, auf dem ich hergekommen war, der skelettierte Schädel eines Rehs lag! Er musste von einem jungen Bock stammen, denn er hatte ein kleines Geweih. Er war teilweise mit Moos bewachsen, aber sehr gut erhalten.

Ich war höchst verwundert, wie ich diesen Kopf beim Herkommen übersehen haben konnte. Ich müsste direkt über ihn hinweggestiegen sein, da der begrenzte Raum keine andere Möglichkeit zuließ. Wie sollte das geschehen sein, wo ich doch die ganze Zeit nach unten geblickt hatte, um durch das Dickicht zu kommen? Außerdem war er groß genug, dass ich mit Sicherheit über ihn gestolpert wäre. Nach einigem Kopfzerbrechen kam ich aus vollster Überzeugung zu dem Schluss: *er war zuvor einfach nicht da gewesen!*

Obwohl ich diese zarten Waldbewohner liebe und traurig bin über die Tatsache, dass jedes Jahr sehr viele von ihnen auf der Straße sterben, empfand ich keine Trauer. Im Gegenteil, der Schädel erweckte ein warmes, frohes und starkes Gefühl des Geliebt-Werdens in mir. Während ich ihn hielt, empfing ich eine Welle von liebevoller Energie und eine Art Zustimmung meiner Ganzheit gegenüber, wie ich sie im menschlichen Umgang nicht kannte. Er wirkte auf mich wie das wertvollste Kleinod, das ich jemals halten durfte. Es wurde mir klar, dass dieses wunderbare Ding einzig und allein für mich bestimmt war! Da verstand ich, dass dies ein Geschenk von Mutter Erde war. Ich spürte, wie sie mich darin bestärkte, weiterhin mit ihr in Kontakt zu treten. Als ob sie wollte, dass wir eine Verbindung zueinander haben. Und da sie wohl wusste, wie sehr ich die Rehe liebe, wenn ich sie jedes Jahr auf dem Feld vor meinem Fenster beobachte, schenkte sie mir dieses gehörnte Haupt. Es war ihre Antwort auf mein

Ritual, mit dem ich ihr meine Dankbarkeit und meinen Respekt übermitteln konnte.

Der Rehkopf ist heute noch auf meinem Altar und erinnert mich immer daran, dass Mutter Erde uns alle liebt, mit uns verbunden sein will und für uns da ist, wenn wir sie darum bitten und sie ehren.

Auch auf die Gefahr hin, mich zu wiederholen oder zu pathetisch zu klingen, kann ich jedem nur empfehlen, sich mit der großen Muttergöttin zu verbinden. Dieses Gefühl des bedingungslosen Geliebt-Seins macht wenigstens für einen Augenblick jeden Selbstzweifel, Selbstwertmangel oder sogar Selbsthass unmöglich. Dieser kurze Moment der Gnade gleicht einer Erleuchtung und lässt uns vielleicht erahnen, wie es im göttlichen All-Eins gewesen sein muss. Auch wenn dieser Zustand nicht lange anhält, die Erinnerung daran ist schon heilsam und zeichnet den Weg, den zumindest ich gehen will.

Die Baumhexen vom grünen Boden

Als ich wieder einmal auf meiner Spazierrunde bei den Gnomen vorbeikam, wollten sie beim Abschied wissen, ob ich bald wieder käme? Ich erzählte ihnen, dass ich am nächsten Tag auf der anderen Talseite mit einer Freundin und ihrem Pferd unterwegs sein würde. Aufgeregt wollten sie wissen, wo genau ich sein würde und ich erzählte ihnen, bzw. zeigte ihnen in meinem Geist, wo unsere übliche Spazierroute verlief.

Sogleich meinten sie, ich solle doch bitte die Hexen vom grünen Boden von ihnen, den Gnomen von Natters, grüßen. Ich war angetan von dem Gedanken, dass Naturgeister untereinander Bekanntschaften pflegten und freute mich über diese kleine Aufgabe.

Am darauffolgenden Vormittag fuhr ich zu meiner Freundin in den Stall, und sobald wir das Pferdchen geputzt hatten, machten wir uns auf den Weg in den Wald. Es war ein sehr warmer Februartag, und wir freuten uns auf den Spaziergang. Als wir über die Wiese zum grünen Boden gingen, rief ich innerlich bereits nach den Hexen und schickte voraus, dass ich ihnen etwas zu sagen hätte. Dies tat ich unter anderem auch, um mich auf die andere Schwingung einzustimmen. Meine Freundin ließ ich ein paar Meter zurück und versuchte, mich zu fokussieren, als augenblicklich die Präsenz von drei Hexen zu spüren war. Im Hintergrund gab es zwar noch einige mehr, aber ich hatte zu dreien von ihnen Kontakt. Ich war noch gar nicht oben angekommen und hatte nicht erwartet, dass ich sofort eine Reaktion bekommen würde, als eine der drei Frauen – sie wirkte hochgewachsen, ernsthaft und ehrwürdig – mich fragte, was ich ihnen zu sagen hätte. Da es mir aber unpassend vorkam, ihnen die Grüße auszurichten, während ich noch schnaufend über den Hügel hinaufging, teilte ich ihnen mit, dass ich das lieber oben machen wollte, es sei so nicht würdevoll genug. Ich musste beinahe laut herauslachen, als eine der drei freudig rief: „Juhuu, eine Feier!“, und irgendwohin entschwinden wollte, um Party-Utensilien zu beschaffen! In mich hineingrinsend winkte ich ganz schnell ab und sagte ihr, dass es kein Fest würde, ich hätte nur etwas auszurichten. Ich amüsiere mich immer noch köstlich über diese Lust zu feiern und diese Lebensfreude.

In der Zwischenzeit war ich oben angekommen. Zu meinem Glück war der Platz wegen Holzarbeiten gesperrt und es waren, anders als sonst an so schönen Sonntagen, keine weiteren Menschen anwesend. Auch meine Freundin suchte derweil einen anderen Weg, also hatte ich genug Ruhe, die Grüße in aller Würde, die mir wichtig erschien, zu überbringen.

Ich stellte mich automatisch mit dem Gesicht Richtung Westen und wusste, dass die Hexen in den Wipfeln der großen Föhren thronten. So, wie die Bäume einen Kreis bilden, wenn man zu ihren Kronen hinaufblickt, so saßen sie über mir im Kreis und warteten auf meine Botschaft. Ich überbrachte ihnen die Grüße mit aller Inbrunst, zu der ich fähig war, um bestmöglich zu vermitteln, wie die Gnome empfunden hatten, als sie mich baten, dies zu tun.

Wie zuvor kam mir auch jetzt das Gefühl von tiefem Respekt entgegen, den die Hexen für meine lieben Waldwesen empfanden. Diese unglaubliche Achtung voreinander ist etwas, das ich sonst nur aus Geschichten kenne. Ich stelle mir vor, dass sich die Ritter der Tafelrunde mit dieser Wertschätzung begegneten. Es ist für mich jedes Mal ein kleines Wunder, wenn ich spüren darf, wie Naturwesen fühlen. Es beeindruckt mich auch immer wieder, wenn ich die Selbstverständlichkeit erahne, die sie für sich selbst empfinden. Kein Selbstzweifel oder rebellierendes Ego schmälern ihre Liebesfähigkeit und Güte allem Lebendigen gegenüber.

Sowohl Leichtigkeit, als auch Ernsthaftigkeit, Respekt und Wertschätzung, Liebe und Hingabe sind in einer tief verwurzelten und *unaufgeregten* Intensität vorhanden, wie ich es mir in meinen kühnsten Träumen nur wünschen kann.

Mit einer angedeuteten Verbeugung bat mich die größte der drei Frauen, den Gnomen ebenfalls Grüße auszurichten. Die Eleganz, mit der sie dies tat, wäre einer Königin würdig gewesen. Gerne wollte ich diese Antwort überbringen. Ich verabschiedete mich und stieß wieder zu meiner Freundin und ihrem Pferd.

Für mich war dieses Erlebnis unter anderem deshalb erstaunlich, weil ich bis dahin keine Ahnung davon hatte, dass Hexen Naturwesen sein könnten. In meiner Vorstellung waren Hexen weise Frauen, Kräuterkundige, Hebammen oder auch Frauen, die in vergangenen Jahrhunderten üble Zauber wie Liebeszauber oder Verwünschungen für Menschen vollzogen, die solche Dienste in Anspruch nehmen würden.

Ich hatte mir leider nicht die Zeit genommen, sie besser kennenzulernen und zu fragen, worin ihr Sein und Tun bestand, aber ich hoffe, dies eines Tages nachholen zu können.

Tanz des Kobolds

„I see your true colours
and that's why I love you"
Cindy Lauper

Während des Naturgeister-Seminars der Foundation for Shamanic Studies bekamen wir eine schöne Aufgabe. Wir sollten uns mit einem Naturgeist verbinden, ganz nach unserer und seiner Wahl. Es ging darum, ihm unseren Körper zur Verfügung zu stellen und „ihn zu tanzen". Dazu würden wir uns alle im Kreis aufstellen und jede einzelne würde „ihr" Wesen durch sich wirken und bewegen lassen. Es war eine aufregende Vorstellung, bald mit einem dieser wunderbaren Geschöpfe so eng in Kontakt zu treten. Auch für die Geister war es scheinbar ein willkommenes Spiel, den Körper eines Menschen benützen zu dürfen.

Wir wanderten gemeinsam an einen Kraftplatz und erkundeten ihn zuerst, indem wir Materialien für unsere ganz eigene Räuchermischung sammelten. Das ganze Gelände war mit Kiefern und Fichten besiedelt, der Boden war ein einziges weiches, grünes Bett aus Moos, und es war ein Genuss, barfuß zu gehen. Nun, abgesehen von den vielen Kieferzapfen, die das Gehen erschwerten. Der Platz hatte eine zauberhafte Atmosphäre, wie die Nachmittagssonne so zwischen den Bäumen durchschien, Spinnweben zum Leuchten brachte, und eine leichte Brise alles in sanfter Bewegung hielt. Der Duft von Harz verteilte sich in der warmen Luft, und es war die perfekte Stimmung, um sich der fließenden Langsamkeit hinzugeben und einfach nichts zu tun. Unter

Umständen fiel meine Räuchermischung auch deshalb etwas spärlich aus.

Nachdem wir unsere Schätze gesammelt hatten, bekamen wir die Aufgabe, uns wieder frei zu bewegen und uns von einem Ort, einem Baum oder einer Pflanze anziehen zu lassen. Dort sollten wir mit dem Naturwesen in Kontakt treten und ihm anbieten, unseren Körper zu übernehmen, damit es sich dann im freien Tanz so ausdrücken könne, wie es wolle.

Ich war keine hundert Meter weit gekommen, als mir eine Kiefer ins Auge fiel. Ich ging zu ihr hin und berührte sie, um zu spüren, welcher Naturgeist hier lebte. Dies war eine recht komplizierte Aufgabe, wie sich herausstellte, da meine Konzentration immer wieder von riesigen Waldameisen abgelenkt wurde, die mit meiner Anwesenheit überhaupt nicht einverstanden waren. Immer wieder zwickten sie mich (oder was die sonst so zur Abwehr tun), krabbelten an mir hoch und machten es mir schwer, ruhig stehenzubleiben. Ich wollte aber eisern bleiben und bemühte mich, sie einfach zu ignorieren. Zu meinem eigenen Erstaunen gelang es mir auch, ein zartes, weiß leuchtendes und sehr scheues Wesen zu erreichen. Sie zeigte sich mir als Nymphe, die im Stamm lebte. Ich erklärte ihr, was mein Anliegen und gleichzeitig Angebot war. Obwohl sie neugierig war und auch gerne einen menschlichen Körper für ihren Ausdruck gehabt hätte, blieb sie zögerlich, fast ängstlich sogar. Eine Weile lang blieb ich mit ihr in Verbindung und versuchte, mich ihr schmackhaft zu machen. Ich suggerierte ihr, dass sie keine Angst zu haben bräuchte und ich versuchen würde, sie würdevoll zu vertreten.

Trotzdem blieb sie zaghaft und wollte nicht so recht auf das Angebot eingehen. Während ich damit beschäftigt war, ihre Zweifel zu zerstreuen, wurden die Ameisen unerträglich lästig. Meine Unterschenkel juckten und brannten schon an viel zu vielen Stellen, als dass ich es noch wesentlich länger dort ausgehalten hätte. Langsam kam mir der Gedanke, dass ich hier nicht richtig war. Das Naturwesen wollte nicht wirklich mit mir in Verbindung gehen und die emsigen Waldbewohner gaben ihr Bestes, um mich zu vertreiben. Irgendwann gab ich mich geschlagen und verabschiedete mich schweren Herzens. Es ist mir inzwischen klar, warum ich eine derart ambivalente Botschaft von der Nymphe erhalten hatte. Einerseits hätte sie gerne getanzt, andererseits wollte sie sich nicht auf mich einlassen. Ich war einfach nicht die richtige Person für sie. Mein Charakter oder vielleicht meine Energie waren nicht in Resonanz mit ihr. Vielleicht hatte sie den Eindruck, dass es mir gar nicht möglich gewesen wäre, ihre ätherische Zartheit richtig auszudrücken. Auch wenn diese Erkenntnis nicht sehr schmeichelhaft für mich war, musste ich mir eingestehen, dass wohl ein anderes Wesen passender wäre.

Es dauerte auch nicht lange, und ich fand dieses Wesen. Nur wenige Meter entfernt ragte ein alter Baumstumpf aus dem Moos, der einen Wohnraum in sich zu bergen schien. Hier war der Boden wunderbar weich und angenehm feucht, keine Ameisen oder ähnlich gefährliche Tiere versuchten, mich zu vertreiben. Als ich den morschen Baumstamm betrachtete, hatte ich das Gefühl, als würde es mich hineinziehen, als wäre ich äußerst willkommen. Es zeigte sich, dass dort eine ganze Koboldfamilie lebte – wunderhübsche Geschöpfe, so dunkel in ihrer Gestalt wie schwere, fruchtbare, glänzende Erde. Sie hatten große, schwarze, freundliche Augen, trugen kleine Hüte und waren äußerst fröhlich, beinahe quirlig. Ich spürte ein Lachen, Neugier und eine freche Waghalsigkeit, die mich zum Schmunzeln brachte. Es gab Kinder, Großeltern, eine Mutter und einen Vater – ein richtiger Haudegen! Er war sofort bereit, mit mir zu gehen, und freute sich über das lustige Spiel. Ganz offensichtlich hatte er das Gefühl, dass ich die Richtige war, um ihn gut zu verkörpern.

Und so war es dann auch. Als ich an der Reihe war, im Kreis den Kobold durch mich tanzen zu lassen, überkam mich eine hämische Überdrehtheit, eine Frechheit und ein inneres Lachen, sodass ich anfing, gebückt – beinahe auf allen Vieren – an jedem vorbeizulaufen und dabei lachend die Zunge herauszustrecken. Ich führte mich auf wie ein wild gewordenes Rumpelstilzchen, gab ungewohnte Laute von mir und empfand dabei ein Vergnügen, dass ich am liebsten Purzelbäume geschlagen hätte. Dem Kobold hätte das gefallen, aber meinen übervorsichtigen Knochen ging das dann doch zu weit und sie legten ein Veto ein.

Wir genossen noch gemeinsam das Schauspiel der Gruppe und ihren Naturgeistern, bevor er mich zufrieden verließ.

Für mich war nicht nur die Begegnung mit dem Kobold aufregend, es war auch spannend, zu erleben, wie mir ein Spiegel vorgehalten wurde, der mir zeigte, wer ich wirklich bin oder zu dem Zeitpunkt war. Einerseits empfinde ich es als etwas traurig, dass ich scheinbar nie die zarte Elfe sein kann, die ich bewundere und manchmal gern selbst wäre. Aber ich durfte in der Begegnung mit dem Naturgeist erkennen, dass *so wie ich bin, gleichwertig gut ist.* Ich hätte nie die Nymphe über den Kobold stellen können, beide sind in ihrer Art einzigartig und wundervoll. Und so ist es auch bei uns Menschen, jeder bringt mit seiner individuellen Art eine andere Nuance, eine andere Farbe in die Welt, die unerlässlich ist, um das große Mosaik so bunt und interessant wie möglich zu gestalten!

Botschaften der Geflügelten

Vor ein paar Jahren, ich glaube es war Frühsommer, spazierte ich zu meinem geheimen Platz im Wald. Ich wollte mich an den kleinen Bach unter die altehrwürdige Haselnussstaude setzen und ein bisschen Kraft schöpfen, da ich eine anstrengende Zeit erlebte. Ich weiß nicht mehr genau, um was es damals ging, aber ich hatte mich wieder einmal schwach und energielos gefühlt, was mir manchmal den Alltag unangenehm schwer vorkommen ließ. Vielleicht hatten auch Gräserpollen meine Lunge zu sehr beansprucht und ich war durch das allergische Asthma einfach etwas ausgelaugt. Ich erhoffte mir ein bisschen Kraft zu tanken und erfrischt wieder nach Hause gehen zu können. Ich saß bereits ein Weilchen neben dem Wasser und hörte dem beruhigenden Plätschern zu, als sich eine wunderschöne Florfliege auf meinem Handrücken niederließ. Ihre langen, eleganten Flügel schimmerten in einem faszinierenden Grün und ich konnte meinen Blick nicht von ihr abwenden. Regungslos verharrte sie auf meiner Hand, sodass ich ihre Schönheit in aller Ruhe bewundern konnte, während ich noch immer meinen eigenen, jammernden Gedanken nachhing. Energielos zu sein, war eines der schwierigsten Themen für mich, und ich bekam jedes Mal Angst, in eine Trägheit zu verfallen, aus der ich nicht wieder herauskommen würde. Heute fällt mir der Umgang mit diesem Problem viel leichter, und das hat zu einem bedeutenden Teil auch mit der Botschaft der Florfliege zu tun.

Als ich also mit meinem Thema so dasaß und sie anstarrte, fragte ich sie aus einem Jux heraus, ohne wirklich eine Antwort zu erwarten, was ich tun sollte. Wie könnte ich dieser

Schwäche entkommen und meinen Alltag gut bewältigen? Auf einmal fing sie an sich zu bewegen, sie erhob sich, flog kurz über meine Hand, flog wieder zurück und setzte sich wieder auf den Handrücken. Ein paar Mal erhob sie sich, flog kurz in die Luft und landete wieder am Ausgangspunkt.

Während ich ihr dabei zusah, empfing ich plötzlich eine Botschaft:

„*Du tust, was du zu tun hast. Wenn du müde bist, ruhst du dich aus. Wenn du dich erholt hast, machst du weiter, und wenn du wieder müde bist, ruhst du dich wieder aus. So ist das ganze Leben, denk nicht zu viel nach. Geh einfach deinen Weg, und wirst du müde, machst du eine Pause.*“

Diese Worte wirken im ersten Moment so unspektakulär pragmatisch, dass nicht gleich zu erkennen ist, welche Wirkung sie damals hatten. Für mich jedoch war es ein Funke, der in mir gezündet wurde, als ich sie hörte und gleichzeitig verstand, mit welcher Selbstverständlichkeit das schillernde Insekt zwischen Aktivität und Ruhe wechselte. Keine Ängste und Zweifel waren zu spüren. Es war so einfach! *Meinen Weg gehen. Pause machen, wenn ich müde bin.* Hadern erschien mit einem Mal sinnlos, und müde zu sein verlor seine Schwere. Auch die negative Bewertung erschien mir lächerlich. Es war, wie es war.

Ich hatte noch einen weiten Weg zu gehen, bis ich soweit war, dass mich der Mangel an Kraft nicht mehr in Panik versetzte. Jedoch das Gefühl, das mir die Fliege mit ihrer Botschaft vermittelte, half mir, mich immer daran zu erinnern, wie unkompliziert es in Wahrheit ist.

Das Besondere an den Begegnungen mit Naturgeistern ist, dass ihre Worte und Botschaften jedes Mal von einem Gefühl – einer Art Erkenntnis – begleitet sind. Worte alleine reichen selten aus, um wahres Verständnis zu erzeugen, das bis ins Blut übergeht. Im Kontakt mit den Wesen von Mutter Erde geschieht aber noch etwas anderes. Es fühlt sich so an, als würde man den idealen Zustand für einen kurzen Moment erreichen, man erfährt *im* eigenen Leib, wie die Dinge wirklich sind. Durch diesen Augenblick der Erleuchtung weiß man für immer tief in sich drin, wie es sein könnte. Das Ziel ist sicht- und spürbar, danach muss man einfach nur mehr darauf zugehen.

Ein ähnliches Erlebnis hatte ich einmal, als ich durch die Begegnung mit Wichteln[4] etwas gedrückt war. Ich fühlte mich schlecht, weil wir Menschen den Naturgeistern kaum Raum zum Leben lassen und so viel Zerstörung und Raubbau betreiben. Schuldgefühle und ein Anflug von Hilflosigkeit bestärkten mich in meinem Wahn, dass es besser sei, keine Kinder in die Welt zu setzen und überhaupt wäre der Planet ohne uns Idioten sowieso besser dran!

Ich stand damals irgendwo bei Seefeld im Wald herum, hatte bereits zwei Spinnennetze zu meinem Hals- und Gesichtsschmuck gemacht und wäre fast in der Verachtung meiner eigenen Spezies gegenüber versunken, als sich eine große Fliege auf meine Hand setzte. Nebenbei auf dieselbe Stelle, wie die Florfliege zuvor. Scheint wohl ein beliebter Platz zu sein.

Das Insekt, das ich inzwischen als graue Fleischfliege identifizieren konnte, hatte große rostrote Augen und helle

[4]Siehe Kapitel 16

Füße, die wie niedliche Pantoffeln an den sonst schwarzen Beinen aussahen. Der eklige Name passt so gar nicht zu dem hübschen Tierchen!

Nachdem ich, abgesehen von meinen düsteren Gedanken, noch immer in Verbindung mit den Naturwesen stand, war ich mir sicher, dass der geflügelte Besuch kein Zufall war. Ich fragte sie, was sie mir mitteilen wollte und bekam eine so tröstliche Antwort, dass die dunklen Wolken in mir sofort verflogen: *„Stehe stolz und aufrecht!“*

Wie war es möglich, in Anbetracht der menschlichen Zerstörungswut stolz zu sein? Aufrecht zu stehen? Wo ich doch eher das Gefühl hatte, in Scham versinken zu müssen? Aber wieder waren diese Worte von einer intensiven Empfindung begleitet, die mich meine und unser aller Größe für einen kurzen Augenblick spüren ließ. Wie auch der Steinriese ließ mich dieses Erlebnis für einen Moment erfassen, wer wir wirklich sind. Eine großartige Spezies, deren Handlungen und ihr wahres, strahlendes Sein noch nicht miteinander verbunden sind. Anders als bei den Naturgeistern, wo Tun und Sein ein und dasselbe sind, sind wir noch von uns selbst abgetrennt. Nur aus diesem Grund legen wir so absurdes Verhalten an den Tag. Für mich ist es unglaublich faszinierend, wie – entgegen gängiger Erwartung – das Erkennen unserer Größe jegliche narzisstische Ader schrumpfen lässt. Zu erfassen, welche Macht in uns schlummert, erfüllt mich mit Stolz und Demut zugleich. Es zeigt mir, dass ich hier richtig bin, dass ich kein Fehler bin, und legt eine Verantwortung in meine Hände, die mir zum ersten Mal keine Angst macht, sondern das Gefühl von Sinn und Verbundenheit mit dem großen Ganzen schenkt.

Dafür kann ich der Fliege gar nicht genug danken.

Im Nachhinein bin ich mir nicht sicher, ob die Nachricht, die ich von den Geflügelten erhielt, von ihnen selbst kam, oder ob sie Boten eines größeren Geistes waren. Es spielt auch nicht wirklich eine Rolle, aber ich habe seitdem definitiv mehr Respekt vor allen Arten von Fliegen.

Die Gnome in Zeiten von Corona

Wir erleben gerade eine spannende und aufwühlende Zeit. Während sich draußen der Frühling entfaltet, die ersten Blätter an den Büschen und sogar an einigen wenigen Bäumen zu sprießen beginnen und das strahlend schöne Wetter erbarmungslos schön bleibt, sitzt die Welt in der Wohnung fest. Ich gehöre zu den Privilegierten, denen es möglich ist, gemütlich am Balkon in der Sonne zu sitzen und dabei die ungewohnt vielen Insekten, die geschäftig herumschwirren, beobachten zu können. Ich muss mir keine Sorgen machen, wie ich nächsten Monat meine Miete bezahlen soll, sogar in der Kurzarbeit kann ich überleben, und ansonsten wird halt der Überziehungsrahmen strapaziert. Ich fühle mich unerklärlicherweise sicher vor einer Ansteckung, obwohl ich täglich unterwegs bin und weiterhin Menschen betreue. Jetzt eben mit mehr Hygiene und körperlichem Abstand. Im Gegensatz zu vielen anderen habe ich großes Glück: mir geht es gut.

Nichtsdestotrotz plagt mich ich eine ständige Müdigkeit, die an manchen Tagen richtig quälend ist. Woher die kommt, ist mir nicht ganz klar, am Frühjahr alleine kann es nicht liegen. Wahrscheinlich spüre ich die kollektiven Ängste der Menschen um mich herum. Selbst wenn an der Oberfläche alles viel ruhiger ist, unten drunter brodelt es. Wir werden gerade richtig aufgemischt. Es ist auch verblüffend, zu beobachten, welche Absurditäten durch die Panik entstehen. Nachbarn werden angezeigt, weil sie spazieren gehen, im Netz wird immer wieder dazu aufgerufen, Fehlverhalten von

Mitbürgern – Mitleidenden! – umgehend bei der Polizei anzuzeigen. Es ist Krieg da draußen, und das Denunzieren hat wieder begonnen. *Das* macht mir Angst!

Während aber auf der einen Seite die dunkle Seite der Furcht Menschen auseinanderbringt, passiert gleichzeitig auch das Gegenteil. Plötzlich werden Nachbarschaftshilfen angeboten, Vermieter zeigen sich großzügig, unzählige Frauen[5] setzen sich an ihre Nähmaschinen und nähen Masken, was das Zeug hält. Der Großteil verschenkt sie. Aus reiner Herzensgüte. Und wahrscheinlich auch an der Freude, ein Teil von etwas Gutem zu sein. Es geschieht etwas, eine positive Entwicklung zeigt sich langsam, die hoffentlich nachhaltig ist, auch wenn die Bedrohung wieder verschwunden ist.

Nicht nur im menschlichen Bereich sind Veränderungen zu spüren, auch die geistige Welt ist in Aufruhr. Letztens bei meiner Hausrunde im Wald (Mann, ist da plötzlich viel los!) war ich bemüht, mich mit den Bäumen zu verbinden, ich wollte ihre allgemeine Stimmung erspüren. Sogleich erfasste mich eine Welle der Freude und ich wurde von einer unerklärlichen Aufbruchstimmung überrollt, die ich mir nicht erwartet hätte. Nie zuvor hatte ich so ein Gefühl bekommen. Ich überlegte mir, ob die Pflanzen nicht einfach nur froh darüber waren, dass der Verkehr so drastisch eingeschränkt war. Der Flughafen in Innsbruck war mehr oder weniger geschlossen, die Luftverschmutzung ging an vielen Orten erheblich zurück. Was mich etwas verdutzte, war, dass es noch nie so leicht für mich gewesen war, mit den Bäumen in Kontakt zu treten. Dies war mit der Grund, warum ich

---

[5] Mir sind nur Angebote von Frauen begegnet, die Männer, die ebenfalls genäht haben, mögen mir meine Einseitigkeit bitte verzeihen

kurz an meiner Empfindung zweifelte. Es könnte ja sein, dass ich nur meine eigene, unbewusste Hochstimmung spürte, von der ich bis dahin gar nichts gewusst hatte. Nachdem aber viele Personen, die Verbindung zur Natur und ihren Geistwesen haben, zurzeit genau dasselbe Gefühl wahrnehmen, wird wohl etwas dran sein.

Ich wurde an diesem Tag aber noch ein weiteres Mal verunsichert. Während ich gemütlich zu den Gnomen spazierte, frischte der Wind plötzlich ziemlich auf. Die Fichten und Föhren begannen unruhig in den starken Böen zu tanzen, die Stämme rieben knarrend aneinander und es rauschte und knackte aus allen Richtungen. Mir war ein bisschen mulmig zumute, da die Stürme der letzten Wochen einige Bäume zu Fall gebracht hatten und nicht wenige davon genau auf dem Spazierweg gelandet waren. So stark, dass ich mich ernsthaft bedroht gefühlt hätte, kam mir der Wind allerdings auch wieder nicht vor, darum ging ich einfach weiter. Als ich am Bach bei meinen lieben Naturgeistern ankam, merkte ich, dass sie in einer gewissen Hektik waren. Sie hatten keine Zeit für mich, waren mit anderen Dingen beschäftigt und schickten mich weg. Ich merkte, dass sie auch viel tiefer in der Erde waren, als ich es gewohnt war. Sie meinten, ich solle über die Hauptstraße zurückgehen, anstatt durch den Wald, weswegen ich mir schon dachte, dass sie es aufgrund der Böen eilig hatten, mich loszuwerden. Und trotzdem blieb ich irritiert. Ich befürchtete, dass sie so abweisend waren, weil ich sie doch falsch verstanden und Fehler in meiner Geschichte gemacht hatte. Ich war auch verunsichert, ob ich nicht doch zu viel von ihrem Standort verraten hatte. Mein Kopf wollte auch mitmischen und meinte, dass eventuell etwas Schlimmes geschehen war, da sie sich tiefer in die Erde zurückgezogen hatten. Solch sinnlose, weil nicht hilfreiche,

Gedanken pflege ich zwar seit geraumer Zeit aus meinem Hirn zu verbannen, trotzdem machte ich mich an diesem Nachmittag mit einem seltsamen Gefühl in der Magengegend auf den Heimweg.

Auch die nächsten Tage verfiel ich immer wieder ins Grübeln, ob und was ich falsch gemacht hatte. Deshalb bat ich schlussendlich eine Freundin, eine schamanische Reise für mich zu machen, um meine Besorgnis bezüglich der Gnome abzuklären. Ich bin sehr froh, dass ich solche Themen an unsere Trommelgruppe abgeben kann, da man nicht immer neutral genug ist, wenn man emotional zu stark beteiligt ist. Und dann ist es nicht immer sicher, dass man eine zuverlässige Antwort bekommt. Meine Freundin konnte mich jedenfalls beruhigen, es lag nicht an mir, dass sie an dem Tag nicht mit mir reden wollten, und ich solle es auch nicht persönlich nehmen, wenn ich in Zukunft nicht immer Kontakt bekommen würde. Im ersten Moment war ich nur erleichtert über diese Botschaft, aber schon bald drängte sich der Eindruck dazwischen, dass etwas im Busch war. Auch die Leichtigkeit und Selbstverständlichkeit, die ich von den Gnomen gewohnt war, konnte ich nicht mehr in derselben Klarheit spüren.

Ich beschloss also, bei meinem nächsten Spaziergang wieder bei ihnen vorbeizuschauen und zu fragen, was sich verändert hatte. Eine Woche und einen ärgerlichen Hürdenlauf über unzählige benutzte Taschentücher – der Wald ist kein verfluchter Mülleimer! – später saß ich wieder auf dem Stein vor ihrer Höhle. Ich fragte sie, warum sie sich so tief in die Erde zurückgezogen hatten. Die Antwort, die ich bekam, fegte nicht nur meine Sorgen hinweg, sie pflanzte eine Hoffnung in mich, von der ich nicht einmal zu träumen gewagt hätte.

Die bewundernswerten Gnome erzählten mir, sie, oder zumindest einige von ihnen, seien gerade auf einer Konferenz, bei der es darum ging, ob und wie sie sich den Menschen in Zukunft zeigen würden!!!

Wie bitte?? Was soll das heißen? *Die Naturgeister wollen sich möglicherweise allen Menschen zeigen?*

Spätestens da war ich doch noch in einem Märchen verschwunden! Wenn die Botschaft nicht so eindeutig gewesen wäre, dass diesmal absolut kein Zweifel an ihrer Echtheit aufkam, hätte ich meinen Ohren nicht trauen können! Ich kann mir gar nicht vorstellen, was das für die Welt bedeuten würde. Wenn jeder Mensch, und vor allem alle Bauern, Förster und Gärtner (Männlein wie Weiblein) die Wesen der Natur während ihrer Arbeit wahrnehmen könnten! Wenn sie sehen könnten, was Spritzmittel bei diesen Geschöpfen bewirkt; wenn die Trauer, die Panik und das Chaos in den Wäldern nach den Rodungen sichtbar würde; wenn man erkennen könnte, wie wichtig das Altwerden für die Bäume und ihre Naturgeister ist; wenn deutlich würde, dass jede Quelle und jeder Stein beseelt sind. Was würde dann geschehen?

In einem schamanischen Ritual, das ein paar Tage später stattfand und bei dem es darum ging, eine Vision für die zukünftige Welt zu bekommen, sah ich die Naturgeister mit den Menschen zusammenarbeiten. Sie standen ihnen als Experten zur Seite und berieten sie beim Kultivieren von Pflanzen, dem Anlegen von Gärten und Grünanlagen und sie zeigten ihnen den richtigen Umgang mit der Natur. In dieser Vision war die Welt ein blühender, fruchtbarer Ort, und das Interesse der Menschen galt dem Erhalt und der Verbesserung des Lebens auf dieser Erde. Diese wunderschönen und lebendigen Bilder standen im krassen Gegensatz zu den präapokalyptischen Darstellungen der Medien und der Politik, die ausschließlich Angst verbreiteten.

Es ist wahrlich eine spannende Zeit und wir dürfen daran arbeiten, dass unser bestmögliches Ich daraus erwächst, das unseren Planeten endlich in seine ursprüngliche Schönheit zurückführt. Bis dahin gibt es aber wohl noch einige Herausforderungen zu bewältigen. Ich kann uns nur wünschen, dass wir tatsächlich Hilfe von den Naturgeistern bekommen und hoffe, dass dies auch zu ihrem größten Wohle geschieht.

Der Holunder und die Percht

In den letzten Jahren nahm ich regelmäßig an den schamanischen Trommelabenden meiner Kräuterlehrerin in Obsteig teil, wo wir zusammenkamen, um persönliche Themen zu bearbeiten und uns mit Hilfe der Spirits weiterzuentwickeln. Ich glaube, es war bei einem dieser fruchtbaren Treffen, als wir angehalten wurden, uns mit einer Pflanze in ihrem Garten zu verbinden, bevor wir zu den eigentlichen Reisen in der Gruppe übergingen.

Mich zog es an diesem Tag zu einer großen Holunderstaude, die nicht weit von der Schwitzhütte entfernt ihren Wohnplatz hat. Die Botschaft, die sie mir gab, war nicht nur für mich persönlich interessant, sondern erstaunte mich auch insofern, als sie dem Märchen der Frau Holle so ähnlich war. Offensichtlich steckt in den alten Volksmärchen doch mehr Wahrheit, als man heutzutage vermutet.

Ich näherte mich dem schönen Baum und bat den Holunder, mit mir in Kontakt zu treten. Mein Geist wurde augenblicklich durch ihr Gehölz tief in die Erde hineingezogen. Am Ende angekommen, zwischen ihren Wurzeln und gleichzeitig zwischen ihren Stämmen und Ästen, stand ich in einer Art Hohlraum. Es fühlte sich an, als wäre ich gleichzeitig an zwei Stellen, oder besser: es schien, als wären diese Stellen örtlich nicht voneinander getrennt. Anders als bei den Pflanzengeistern[6], mit denen ich bisher Kontakt hatte, spürte ich beim Geist des Holunders noch eine viel größere Präsenz im Hintergrund. Wie zuvor schien diese Präsenz in ihr und

---

[6]Auch bei den Pflanzengeistern ist eine Anbindung an Mutter Erde spürbar, allerdings nicht in dieser Intensität, dieser Einheit.

gleichzeitig woanders zu sein. Es war mir unmöglich, eine scharfe Grenze zwischen Beidem zu ziehen.

Sie gab sich mir als die Percht, die dunkle Erdgöttin, die im Herbst in die Erde zurückkehrt, zu erkennen. Ich hatte den Eindruck, als wäre der Holunder ihre weltliche Verkörperung. Ich erlebte sie als eine sehr kraftvolle, ernsthafte und mächtige Matriarchin, eine direkte Form von Mutter Erde. Liebevoll, jedoch nicht einfach nur mütterlich tröstend, wie ich es manchmal von der großen Göttin schon erfahren durfte. Die Percht war auch fordernd! Sie gab mir in aller Deutlichkeit zu verstehen, dass sie jederzeit bereit wäre, mir mit allen Mitteln zur Seite zu stehen. Sie würde mir helfen, mich unterstützen und stärken. Dies würde sie allerdings ausschließlich dann tun, wenn ich *selbst* mich anstrengen würde. Und zwar in einem ordentlichen Ausmaß! Ich müsse ihr zeigen, dass ich für meine Ziele arbeiten und meinen Fokus darauf nicht verlieren würde – ich müsse mich beweisen. Nur dann könne ich mich auf ihre wertvolle und mächtige Hilfe verlassen. Andernfalls würde ich ihren Unmut zu spüren bekommen. Dies war keine Unheil-verkündende Drohung, vielmehr beschlich mich das Gefühl, dass ich einen unsanften Tritt verpasst bekäme, der mich direkt und kompromisslos aus ihrer Gunst herauskatapultiert hätte. In dem Moment fürchtete ich mich tatsächlich davor, ihren Ansprüchen nicht genügen zu können.

Die Lebensweisheit, die darin enthalten ist, entspricht aber genau der Realität, wie ich sie im Alltag und auch im Kontakt mit der geistigen Welt erlebe. Kein noch so hilfreiches geistiges Wesen wird jemals ein Leiden einfach so von mir nehmen, nur weil ich darum bitte oder bete; kein Kelch geht an mir vorüber, wenn er in meinem Lebensplan vorgesehen ist. Erst, wenn ich bereit bin, mich mit den Themen, die mir das Leben schwer machen, auseinander zu setzen, mich meinen Schatten und verdrängten Emotionen zu stellen und den schmerzhaften Abstieg in meine eigene Unterwelt zu wagen, werde ich jede Hilfe, die ich auf diesem Weg benötige, auch bekommen. Aber ich muss wissen, wo ich hin will, ich brauche einen Fokus.

Im Märchen von Frau Holle wird dies perfekt veranschaulicht. Goldmarie nimmt alle Aufgaben, die am Weg liegen, als die ihren an und erledigt das, was es im Jetzt zu tun gibt, auch wenn es mühselig erscheint. Die Werkzeuge, um dieses zu bewerkstelligen, liegen am Weg. So wird ihr etwa die Ofenschaufel zur Verfügung gestellt, damit sie die Brötchen nicht mit bloßen Händen aus dem Feuer ziehen muss.

Für mich spiegelt diese Metapher auch meine persönlichen Erfahrungen wider: Nichts wird so heiß gegessen, wie es gekocht wird, und selbst die eigenen Schatten sind nicht annähernd so schlimm, wie es auf den ersten Blick erscheint, da die geistige Welt ihre schützende Hand über uns hält.

Interessant finde ich auch, dass die Blütenessenz des Holunders dann eingesetzt wird, wenn man schwierige Zeiten erlebt und diese vielleicht für eine Weile aushalten muss. Nicht immer kann man unangenehmen oder schmerzhaften Phasen seines Lebens aus dem Weg gehen, aber sogar hier hilft die Holle, um den Weg leichter gehen zu können: Sie stärkt, wenn es ums Durchhalten geht.

Annette Knell beschreibt die Botschaft des Holunders auch wunderschön in ihrem Buch „Blütenseelen[7]":

„Wenn du mich erwählst, dann wisse, dass du auf dem richtigen Weg bist, dieser aber nicht kurz oder leicht ist und einiges an Engagement von dir fordert." (...) „da ich weiß bin und mich ins Schwarze wandle, helfe ich dir auch deinen Weg zu finden und zu gehen, der für dich in diesem Leben bestimmt ist."

Der Wille jedoch, den es braucht, um in die eigene Tiefe zu gehen oder andere schwere Phasen zu bewältigen, muss von uns kommen. Wie bei Goldmarie werden die Mühen aber reichlich belohnt.

Ich bin überzeugt davon, dass jeder, der seine ehrliche Bitte um Unterstützung an den Holunder richtet, diese auch bekommt.

---

[7]Knell, A.: „Blütenseelen. Energieessenzen aus bayrischen Wildkräutern". 2010. Schwedhelm- Verlag. S.65

Ortsgeister und Geist des Hauses

Im schamanischen Weltbild ist alles, was auf dieser Erde existiert, beseelt. Jeder Baum, jeder Stein und jede Pflanze sind eigene Wesen, mit denen man kommunizieren kann, wenn diese es gestatten. Im Laufe meiner schamanischen Tätigkeit durfte ich erfahren, dass auch jeder Ort und jedes Haus einen eigenen Geist besitzen. Zum ersten Mal spürte ich dies, als ich – noch Jahre, bevor ich überhaupt eine Ahnung vom Schamanismus hatte – in ein dreihundert Jahre altes Haus zog. Vom ersten Moment an merkte ich, dass ich mich ganz anders aufgehoben fühlte als in dem Haus, in dem ich zuvor gelebt hatte. Es strahlte eine andere Energie aus und schien sich sogar auf mein Lebensgefühl auszuwirken. Mir drängte sich auch immer wieder das Gefühl auf, dass ich nur ein Teil in der Geschichte des Hauses war, anstatt die umgekehrte Perspektive einnehmen zu können. Auch heute noch, wenn ich an die urige Wohnung zurückdenke, ist es mehr ein: „Ich war ein Kapitel im Leben dieses Wesens“, statt: „Meine alte Wohnung, die einen Platz in meinem Leben eingenommen hatte“. Das mag komisch klingen, aber ich hatte immer den Eindruck, sehr willkommen zu sein, nicht zuletzt deswegen, weil ich das Haus, die Wohnung und den Garten, vor allem aber den wunderbaren Holzofen sehr liebte. Es machte mir nie etwas aus, auch um sieben Uhr morgens im Pyjama zum Schuppen zu laufen, um Holz (und Spinnen) heraufzutragen. Es war ein richtiges Zuhause, auch wenn ich nur zur Miete dort lebte. Als ich wieder auszog, dankte ich dem Geist des Hauses dafür, dass er mir so wohlwollend gegenübergestanden hatte. Hätte ich damals schon die Erfahrungen gemacht, die ich inzwischen habe, wäre vielleicht sogar eine Beziehung daraus entstanden, anstatt nur von vagen Gefühlen geprägt zu sein.

Heute wohne ich in einem wunderbaren Haus mit mehreren Parteien, aber unerfreulich dünnen Wänden, was die Trommelabende, die regelmäßig mit den vorgeschriebenen Ruhezeiten kollidieren, nicht immer ganz ohne Bedenken stattfinden lässt. Für gewöhnlich sind wir nicht um zehn Uhr abends fertig, wie es die Ruhezeiten eigentlich verlangen – frau hat ja auch immer viel Wichtiges zu besprechen, bevor es richtig losgehen kann. Somit wird es meistens eher halb zwölf, wenn die meisten schon schlafen. Ich trommle nun seit acht Jahren in meiner Wohnung und hatte noch nicht eine einzige Beschwerde! Dies liegt, abgesehen von toleranten Nachbarn, wahrscheinlich auch daran, dass ich zu Beginn, wenn die Spirits gerufen werden, auch den Geist des Hauses willkommen heiße und ihn um eine Art Dämmschutz bitte, damit sich niemand im Haus gestört fühlt. Er erfüllt mir diese Bitte sehr gerne, nicht zuletzt, da er sich auch immer eine kleine Nascherei aussuchen darf, die ich ihm danach hinstelle. Am meisten liebt er die Kombination aus Süß und Alkohol. Wenn ich gefüllte Pralinen oder Eierlikör zu Hause habe, dann ist er immer besonders entzückt. Auch ein Schlückchen Whisky mit einem Keks oder ein Stück Schokolade hat er noch nie verschmäht. Er weiß sehr wohl, was gut ist. Neulich wollte er aber nur Nüsse und Rosinen zum Dank. Ich frage mich, ob er mir etwas mitteilen will!? Sollte ich vielleicht auf Diät gehen? Zum Glück muss man nicht jeden Rat – und auch nicht unbedingt einen Wink mit dem Zaunpfahl – der geistigen Welt auch zwingend umsetzen.

Seit ich nach Natters gezogen bin, durfte ich auch Bekanntschaft mit dem Geist des Ortes machen. Mein Balkon ist an einem tollen Platz, mit direktem Blick auf den Wald. Ich kann seit Jahren Bussarde und Krähen – und deren Kämpfe – direkt vom Balkon aus beobachten. Sogar einen Kauz gibt es hier, der alle zwei Jahre von März bis April die Nacht mit seinen Rufen erklingen lässt. Der ganze Ort hat eine angenehme Atmosphäre.

Von Anfang an hatte ich das Gefühl, dass die Wesen der Natur hier viel deutlicher spürbar waren, als ich es bis dahin erlebt hatte. Der Wald ist zwar von der Forstwirtschaft ebenso geplagt, wie es sonst auch überall der Fall ist, trotzdem hat er sich etwas Ursprüngliches erhalten können.

Eines Tages, als ich für eine schamanische Reise die Spirits und die Himmelsrichtungen anrief, „sah" ich, wie ein Wesen, das die Form eines großen und sehr selbstsicheren Rehs hatte, den Hügel vom Wald herunterstieg und sich mir als Geist des Ortes offenbarte. Es hatte keine Botschaft, aber dies war eine Kontaktaufnahme, die meine Verbindung zur Natur und ihren Wesen stärken würde. Es unterstützte mich in dem Gefühl, angekommen zu sein, ich empfand mich dadurch als Teil der Gegend, als willkommene Bewohnerin.

Bei einer anderen Gelegenheit zeigte sich mir der Geist als der grüne Mann, wie er auch in keltischen Legenden beschrieben wird. Seine Kleidung schien aus Pflanzenfasern zu bestehen, seine Haut war ebenfalls grün und er wirkte groß und mächtig, so wie auch zuvor in Rehgestalt. Auch dieses Mal kam er für eine Reise auf Besuch, ohne eine bestimmte Absicht zu äußern. Es war vielmehr eine Ehre, dass er hier war und mit seiner wohlwollenden Anwesenheit mehr Kraft in den Raum brachte. Es ist schwer zu beschreiben, welchen Effekt dieser Kontakt hatte, aber vielleicht ist es vergleichbar mit einem liebevollen und starken (jedoch jungen) Großvater, der über seine Enkelkinder beim Spielen wacht, sich an ihrem Treiben erfreut und bei Bedarf lenkend einschreitet. So wie der bedingungslos liebevolle Blick einer Mutter ihre Kinder selbstsicherer, stärker und selbständiger machen kann, vermittelte mir diese Begegnung das Gefühl von „zu Hause sein" und „angenommen sein".

Manchmal habe ich den Eindruck, dass die Verbindung mit der Natur und ihren Wesen den gleichen, heilsamen Erfolg wie eine Psychotherapie hat, nur viel schneller und genussvoller.

Vor ein paar Monaten war ich im Park von Schloss Ambras unterwegs. Es war Herbst, und das Laub der vielen Buchen und Ahornbäume leuchtete bereits in den schönsten Farben. Überall tanzten rote und gelbe Blätter im Herbstwind, die Sonne schimmerte zwischen den Bäumen hindurch und verwandelte das gesamte Areal in einen verzauberten Märchenwald. Besonders im hinteren Teil des Parks, der am Wasserfall vorbeiführt und wo sich Kiefern und Fichten in den wundersamsten Formationen auf Schieferfelsen festkrallen, empfinde ich die Gegend als magisch. Für mich wird Schloss Ambras immer ein herausragender Platz sein, nicht nur aufgrund seiner alten Bäume oder meine, durch Kindheitserinnerungen romantisch verzerrten Wahrnehmung, sondern durch seine besondere Kraft. Ich gehe sehr gerne mit meinen Klienten dorthin, weil die meisten sich danach gestärkt fühlen und ihre Stimmung wesentlich besser ist.

Auch an diesem Tag war ich beruflich dort, als ich mir innerlich die Frage stellte, wie wohl der Geist dieses wunderbaren Ortes sein würde. Zum Glück war meine Klientin gerade mit dem Waten im knöcheltiefen Wasser beschäftigt, sonst hätte ich ihr das breite Grinsen erklären müssen, das mich überfiel, als er sich mir unerwartet zeigte. Ein Mann mittleren Alters, bestenfalls von meiner Größe, mit weißer Perücke, knielangen blauen Hosen, weißen Strumpfhosen und aufwendig verziertem Gehrock, stand mit geschwellter Brust vor mir und platzte fast vor Stolz, als er sich als Geist des Ortes zu erkennen gab. Ihm war völlig bewusst, welchen Schatz diese Oase für die Gegend um Innsbruck herum darstellt. Er wirkte wie ein Diener eines ehrwürdigen Königshauses, dem zu dienen es eine ehrenvolle Aufgabe war, gepaart mit einer gewissen Eitelkeit, die daraus entsteht. Leider hatte ich an jenem Tag nicht die Möglichkeit, noch mehr zu erfahren, da ich mich wieder auf die Arbeit konzentrieren musste.

Eine interessante Erkenntnis hatte ich auch, als ich den Ortsgeist von Völs begrüßen wollte. Es zeigte sich, dass die Marktgemeinde nicht nur *einen* Ortsgeist besitzt. Ich lernte an unterschiedlichen Tagen zwei vollkommen verschiedene Wesen kennen. Während ich schon länger im alten Teil von Völs mit meinen Freundinnen, die dort leben, trommelte, und den Geist dort als hell, wach und lichtvoll erlebt habe, zeigte sich im neueren Teil – der Seesiedlung, ein ganz anderes Bild.

Eines abends besuchte ich meine, in dieser Siedlung wohnende, Schwester, und wir beschlossen, eine Reise zu machen. Als ich den Geist des Ortes anrief, traf ich auf ein Wesen, das mich in erster Linie durch seine absolute Überraschung verblüffte. Es war, als würde es sich schwerfällig aus dem Boden erheben und verwundert fragen, was denn nun los sei? Es hatte eine verschwommene Form von weißlicher Farbe, und wirkte fast schon träge oder wie aus tiefem

Schlaf erweckt. Es schien ihm noch nie passiert zu sein, dass ihn jemand anrief. Zumindest interpretierte ich seine Reaktion damals so. Erst jetzt, im Gespräch mit dem Geist von Natters verstehe ich besser, warum es zwei verschieden Wesen gibt und warum der eine wie aus dem Boden auferstanden gewirkt hatte.

Als ich „meinen" Ortsgeist dazu befragte, gab er mir die Antwort: *„Es gibt zwei, weil es zwei verschiedene Orte sind!"* Ganz offensichtlich waren die Ortsgeister nicht an die von Menschen erschaffenen Ortsgrenzen gebunden, sondern an die Gegend selbst. Als ich mich erinnerte, dass der neue Teil von Völs auf dem trockengelegten Völser See errichtet wurde, der sich ursprünglich über das gesamte Gebiet erstreckt hatte, ergab das Bild, das ich vom Geist erhalten hatte, plötzlich Sinn. Die verschwommene Form und die blasse Erscheinung erinnerten mich an etwas Fisch- oder Molchartiges, auf jeden Fall ein Wesen, das im Wasser oder Sumpf heimisch ist. Auch dieses Sich-aus-dem-Boden-Erheben erscheint mir im Nachhinein logisch. Der Ort bestand ursprünglich aus Wasser, und alles, was später auf dem künstlich erzeugten Terrain erschaffen wurde, gehört in Wahrheit gar nicht dort hin. Der Ortsgeist der Völser Seesiedlung ist ein Wesen, das unter der Oberfläche lebt, im ehemals moorigen Boden. Seine Erscheinung ist an den natürlichen Lebensraum gebunden.

Diese Erkenntnis, dass Ortsgeister eine Form annehmen, die ihren Lebensraum widerspiegelt, passt zu der Gestalt, in der sich der Geist des Höttinger Grabens gezeigt hat, nämlich als große, von weiblicher Kraft erfüllte Gämse.

Nachdem ich nun doch schon einige Ortsgeister treffen durfte, kam mir endlich in den Sinn, zu fragen, wer sie genau seien und was ihre Aufgaben wären. Im Rahmen einer schamanischen Reise nahm ich Kontakt mit „meinem“ Naturwesen auf und er gab mir folgende Antworten:

„Wir Ortsgeister waren immer schon da, wir sind seit jeher mit dem Platz verbunden. Aber in der Kreidezeit etwa, hatten wir ein anderes Temperament, wir waren viel wilder. Unsere Form ist abhängig von der Vegetation, die dort wächst, wir sind mit den Pflanzen vollkommen verbunden und gemeinsam erschaffen wir die Atmosphäre, die an jenem Ort herrscht. Die Steine sind viel älter, sie waren immer schon da, und ihre Energie ist viel langsamer, die vitale Verbindung besteht vor allem zu den Pflanzen“. (und Tieren)

Als ich ihn fragte, wie er mit den Quellen und Bächen verbunden sei, vermittelte er mir ein äußerst ehrfurchtsvolles Gefühl dem Wasser gegenüber:

„Es fließt durch uns alle, es ist ein eigenständiges, mächtiges Wesen“.

„Welche Form wir Ortsgeister annehmen, ist unabhängig von den Menschen, die an dem Platz wohnen. An Plätzen, die vor allem aus Hochhäusern ohne natürliche Grünflächen bestehen, und wo den Leuten der Sinn mehr nach vom Menschen erschaffenen Dingen steht, ziehen wir uns weiter zurück. Aber je naturverbundener die Menschen sind, desto näher sind ihnen die Ortsgeister. Wir können einen positiven Einfluss auf das Leben der Menschen nehmen. Wir inspirieren euch, schenken euch Ideen, wie ihr besser mit der Natur umgehen könnt, und wir halten auch eine wohlwollende Hand zum Schutz über eure Kinder“.

Als ich das Bild vom Schutz über im Freien spielende Kinder erhielt, fühlte ich mich wie zuvor von einer liebevollen großväterlichen Energie eingehüllt, die mich mit großer Dankbarkeit erfüllte.

Ich wollte noch gerne wissen, in welcher Beziehung er zu den Naturwesen stehe, bekam aber keine eindeutige Antwort oder konnte sie nicht verstehen. Abschließend fragte ich ihn noch, was er gerne hätte bzw. was er sich von uns Menschen wünscht:

Wie auch die Naturgeister möchte er *Anerkennung und Wertschätzung.* Er übermittelte mir ein friedvolles Bild von einem Altar, der im Freien aufgestellt war, auf dem Blumen und Getreide als Geschenke dargebracht wurden.

Ich befürchte, auf diese schöne Geste muss er noch ein Weilchen warten, bis wir Menschen so weit sind. In der Zwischenzeit aber bekommt er eine kleine Version des Altars auf meinem Balkon, neben meinem feurigen Liebstöckel-Strauch.

Schloss Ambras

Wichtel

Eine der ersten Reisen, die wir beim Naturgeister-Seminar der „Foundation for shamanic studies“ machten, führte uns in ein Waldstück irgendwo in der Nähe von Reith bei Seefeld. Wir sollten uns – jeder für sich – auf den Weg machen und das Gelände erforschen mit der Bitte, dass sich ein Wesen zeigen würde, das bereit wäre, mit uns zu kommunizieren.

Die Gegend zeichnete sich durch eine recht vielfältige Vegetation aus. Während der Wald von unterschiedlichen Laub- und Nadelbäumen besiedelt war, wurde nur wenige Meter weiter das Landschaftsbild durch langes, vertrocknetes Gras und niedrige, mit unzähligen Spinnennetzen gespickte Sträucher geprägt. Ich hatte den Eindruck, aus einem saftigen Mischwald direkt in alpines Gelände gekommen zu sein, nachdem ich keine zehn Minuten unterwegs war. Von meinem Bauchgefühl geleitet, zog es mich zu einem kleinen, mit Moos überwachsenen Hügel, der sich über eine Mulde im trockenen Gras erhob. Hier und dort lagen morsche Stämme und Äste herum, und der Platz erweckte den Eindruck eines kleinen Plateaus. In dieser Mulde ließ ich mich nieder und versuchte anhand der Technik, die uns gezeigt worden war, zu erkennen, ob hier Naturgeister zu finden seien.

Tatsächlich schien der kleine Erdhügel der Wohnort von Wichteln zu sein. Ich zog meine Schuhe aus, kniete mich hin und bat sie, sie etwas genauer sehen zu dürfen. Zu meinem Erstaunen erhielt ich ein Bild von freundlichen Wesen, die allesamt rote Hüte trugen, die Frauen hatten Schürzen und die Männer Hosen an, sie waren eher klein und lebten gemeinsam im Familienverband in diesem Hügel. Ihre Erscheinung erinnerte mich eher an Gartenzwerge, wobei ich keine Idee davon hatte, wie Wichtel aussehen oder wie sie sich von Zwergen unterscheiden würden. Bis dahin war ich auch noch keinen Zwergen begegnet, und ich hoffe, sie und die Wichtel fühlen sich nicht durch diesen Vergleich gekränkt.

Gar nicht neugierig, wie ich von Natur aus bin, musste ich mehr in Erfahrung bringen und wollte wissen, wie es ihnen ging; So ganz allgemein, aber auch auf den Ort, an dem sie lebten bezogen. *„Es ist voll!“* war die Antwort, die ich erhielt. Leider war ich nicht geistesgegenwärtig genug zu fragen, auf was sich das genau bezog, ging aber automatisch davon aus, dass ihr Lebensraum durch uns Menschen zu sehr eingeschränkt wurde. Es könnte natürlich auch sein, dass einfach ihr Hügel aus allen Nähten zu platzen drohte. Die Familie schien mir doch recht groß zu sein. Diese Möglichkeit kam mir damals aber gar nicht in den Sinn, zu sehr war ich auf den Menschen als Stressfaktor fixiert. Leider! Wer weiß, welche interessanten Dinge ich in Erfahrung hätte bringen können.

Kurz darauf spürte ich, wie mich eine der weiblichen Wichtel an der Hand nahm und versuchte, mich woanders hinzuführen. Nach gewissem Zögern ließ ich mich zu einem umgefallenen Baumstumpf führen. Dort angekommen, zwischen morschen Ästen und einem Ameisenhügel stehend, fragte ich sie, was ich nun tun sollte – es war weder übermäßig bequem dort, noch ließ es mich irgendeinen Zweck erkennen.

Die Wichtel, die sich inzwischen im Familienverband um den Baumstamm versammelt hatten, forderten mich dazu auf, „Amazing Grace“ für sie zu singen. Ich fand es erstaunlich, dass Naturgeister an einem Menschen-Lied interessiert waren. Nebenbei hatte ich absolut keine Ahnung vom Text. Aber nachdem ich schon das Glück hatte, dass sie sich mir so bereitwillig zeigten und mit mir kommunizieren wollten, war ich hochmotiviert, mein Bestes zu geben.

Ich begann also die erste Strophe, deren Text ich gerade noch kannte, zu singen, und versuchte dann, meine eigenen Worte in die Melodie einzufügen. Damit wollte ich meine Wertschätzung ausdrücken. Ich bin froh, dass die anderen Kursteilnehmer nicht in der Nähe waren – meine Improvisationsversuche waren sicher nicht bühnenreif. So ungefähr sahen es die Wichtel auch; sie gaben mir zu verstehen, dass sie zufrieden waren, aber es hätte schon noch besser sein können. Ich fand die erfrischende Ehrlichkeit meiner kleinen Kunstkritiker äußerst amüsant und auch sympathisch. Als ich fertig war, hatte ich immer noch den Eindruck, dass ich etwas tun sollte, wo wir bösen Menschen ihnen doch das Leben so schwer machten. Ich war vollkommen überzeugt, dass sich ihre Aussage darauf bezog, dass sie nicht mehr genug Platz zum Leben haben. Ich fragte sie also noch einmal, was ich tun könne, abgesehen davon, dass ich ja ohnehin keine Kinder in die Welt setzen würde. Durch meinen Tunnelblick bildete ich mir ein, dass dies etwas war, was ihnen gefallen würde. Weit gefehlt! Kaum ausgesprochen, setzte sich eine kleine Haubenmeise keinen Meter von mir entfernt auf einen Ast und begann mit einer lautstarken Zwitscher-Schimpf-Tirade. Dabei schaute sie mich so inbrünstig an, dass kein Zweifel bestand, dass ich gerade eine Standpauke erhielt. Ich war ein wenig verwirrt, kapierte aber, dass meine Aussage Blödsinn war und wohl nicht die Lösung.

In der Zwischenzeit waren die Wichtel verschwunden und ließen mich mit meinen dummen Gedanken alleine. Mir ist im Nachhinein sehr deutlich bewusst geworden, wie stark fixe Vorannahmen den Kommunikationsfluss stören. Wäre ich offen in das Gespräch gegangen, wäre es mir vielleicht möglich gewesen, die richtigen Fragen zu stellen, und hätte jetzt mehr über die Wichtel und ihre Lebensweise zu erzählen. Diese Situation lehrt mich, unvoreingenommener zu sein und besser zuzuhören. Dies ist vor allem im Kontakt mit Naturwesen wichtig, denn nur weil man erkennen kann, dass sie an einem bestimmten Ort wohnen, heißt das nicht, dass sie sich immer zeigen wollen, geschweige denn in Plauderlaune sind. Wer weiß, wann man die nächste Gelegenheit bekommt.

Gnome – eine verpasste Einladung

Zurzeit verändert sich wirklich etwas. Vielleicht liegt es nur an meinem Fokus, der sich mit dem Aufschreiben meiner Erlebnisse gewandelt hat, aber mir scheint, als würden die Naturgeister jetzt schon mehr im menschlichen Bewusstsein auftauchen. Sie sind zwar (noch) nicht für jedermann sichtbar, aber öfter als mir bisher aufgefallen wäre, sind sie auf diversen Internetseiten, oder auch im Bekanntenkreis ein Thema geworden. Mir erscheint dies wie ein guter Anfang.

Letztens hatte ich wieder ein besonderes Erlebnis mit den lieben Gnomen, als ich auf meinem Balkon saß und die warmen Strahlen der Abendsonne genoss. Ich versuchte ein Buch zu lesen, als plötzlich aus der Richtung, wo die Gnome leben, eine Art Ruf zu spüren war. Eine Welle der Fröhlichkeit erreichte mich, und zu meinem großen Erstaunen wurde ich zu einer Feier, die sie an dem Abend veranstalteten, eingeladen. Es war eine freudvolle und heitere Aufforderung, die eigentlich richtig Lust machte, ihr zu folgen. Ich bekam auch ein Bild, wie mir zwei Hände entgegengestreckt wurden, die mich holen und zum Tanz mitnehmen sollten. Ich wollte natürlich sofort wissen, was es zu feiern gab und woher diese mitreißende Ausgelassenheit rührte.

„*Wir feiern den Aufstieg der Menschheit!*" bekam ich auch prompt als Antwort.

Als wäre es das Normalste auf der Welt so etwas zu verkünden, schmetterten sie mir diese Aussage ohne Vorwarnung ganz selbstverständlich entgegen! Wie kann man das ohne Trommelwirbel und Aufmarsch der Schützen, die da jetzt echt mal gebraucht würden, einfach so sagen?? Mein

Bedürfnis nach Theatralik bei solch bedeutungsvollen Ereignissen wurde aber sogleich von dieser wunderbar unaufgeregten und erhebenden Freude der Naturgeister, die ich so liebe, einfach weggespült. Es gab keine Erklärung dazu, außer die für meinen Verstand schwer zu erfassende Einladung, diese einzigartige Begebenheit mit ihnen zu feiern.

Das Wetter wäre perfekt gewesen, um auch am Abend noch in den Wald zu gehen und im Freien zu sitzen oder zu tanzen, selbst wenn die Sonne bereits untergegangen war. Normalerweise hätte mich nichts zurückhalten sollen, ab ins Wollkleid und in den Wald, das wäre die angemessene Reaktion gewesen. Vielleicht noch eine Flasche Schampus einpacken und nichts wie los! Aber aus irgendeinem Grund tat ich es nicht. Vielleicht erlitt ich einen temporären Hirnschlag, aber ich blieb nach einigen Impulsen, mich auf den Weg zu machen, einfach auf meiner Bank sitzen. Wie blöd muss man sein?

Ich verpasste die Feier.

Es dauerte fast zwei Wochen, bis ich beschloss, ihnen einen Besuch abzustatten und sie zu dem Aufstieg der Menschheit zu befragen. Was genau bedeutet das? War damit auch klar, dass sie sich uns allen bald[8] zeigen würden? Wie würde sich dieser Aufstieg auswirken? Alle Visionen, die mit dieser Aussage hochkommen, stehen doch so unvereinbar im Widerspruch zum politischen und wirtschaftlichen Weltgeschehen. Wobei mir allerdings die Vorstellung gefällt, wie sich unsere Herrscher beispielsweise dem Rat der Hexen stellen müssten. Ein lustiger Gedanke!

---

[8] „Bald“ ist relativ, die geistige Welt hat ein anderes Zeitempfinden und wann dieses „bald“ sein wird, hängt wahrscheinlich davon ab, wann wir Menschen dafür bereit sind.

Der Spaziergang zu den Gnomen war wunderschön. Der Wald war noch feucht vom Regen, aber die Frühlingssonne schien durch die immer dichter werdenden Kronen, der Waldboden war mit Leberblümchen und Märzveilchen geschmückt, die weiß gewordenen Pestwurzen verzauberten die Landschaft, und das Moos und die jungen Blätter leuchteten in einem lebendigen Grün, wie ich es seit meiner Kindheit nicht mehr wahrgenommen hatte.

Der Wald wirkt in letzter Zeit viel lebendiger auf mich, jedes Blümchen scheint ein kleines Wesen mit Bewusstsein zu sein. (So ist es ja auch!)

Auf dem Weg wurde meine Aufmerksamkeit auf einen schlanken Baumstamm gelenkt, von dem ich nur vermuten konnte, dass es einmal eine junge Fichte gewesen war. Einen Meter über mir war sie einfach abgebrochen und stand mit auf ein Minimum verkürzten nadellosen Ästen noch aufrecht. Zu dem Zeitpunkt gelang es mir bereits einigermaßen gut, auf solche Eingebungen zu hören und so fragte ich sie, was sie bräuchte. Ich war bestürzt, dass sich ein ähnliches Bild wie bei der gefällten Birke bot. Auch hier war der Geist des Baumes im sterbenden Stamm gefangen. Eine Traurigkeit und Verzweiflung kamen mir entgegen, so dass es unmöglich gewesen wäre, einfach weiterzugehen. Ich überlegte, was ich tun könnte, und spielte mit dem Gedanken, Brigid wieder um Hilfe zu bitten. Das fühlte sich aber im selben Moment, als ich es dachte, schon falsch an, also versuchte ich, den Geist des Ortes um Rat zu fragen. Dieser zeigte mir auch sofort, was ich zu tun hatte. Mit offenen Handflächen und aufwärtssteigenden Bewegungen glitt ich im Abstand von circa zehn Zentimetern den Stamm entlang nach oben und versuchte dabei, den Geist mit herauszuziehen, so dass er seinen Leichnam verlassen konnte. Dies war gar nicht leicht zu bewerkstelligen. Es dauerte mehrere Minuten, in denen ich immer wieder abgelenkt wurde, weil ich befürchtete, von anderen Spaziergängern gesehen zu werden, bis sich eine Verbesserung zeigte. Er war noch fest mit seinen Wurzeln verankert und konnte sich kaum vom Holz lösen. Ich bekam sogar ein Bild, wie ich den Baum mit einer Axt aufbrechen sollte, was mir aber vollkommen widerstrebte. Also versuchte ich es im Geiste. Nach einer Weile gelang es auch und ich spürte, wie sich die Pflanzenseele löste und zufrieden, in sich ruhend weiterging. Auch ich machte mich voller Dankbarkeit wieder auf den Weg.

Bei den Gnomen angekommen setzte ich mich gemütlich zu ihnen zum Bächlein hin, nachdem ich Nüsse und Rosinen auf den Boden gelegt hatte. Augenblicklich war ich nicht mehr alleine und hörte, wie sie sagten, dass sich die Kinder immer über die Naschereien freuen würden. Die Gunst der Stunde nutzend löcherte ich sie sofort, wie sie das mit dem Aufstieg der Menschheit gemeint hatten. Um was ging es da genau? Darauf wollten sie aber nicht antworten und gaben mir zu verstehen, dass es noch zu früh sei. Stattdessen fragten sie mich, warum ich nicht zu der Feier gekommen war. Ich erzählte ihnen, dass ich es eigentlich selbst nicht weiß, ich hätte schon Lust gehabt, aber etwas hatte mich blockiert. Ich sagte ihnen, dass ich noch mit alten Schlacken belastet war, die mich meiner Meinung nach noch immer davon abhielten, genau so zu leben, wie ich es mir vorstellte.

Daraufhin wurde ich sanft und mit einer tief berührenden Liebe von meinem Platz hochgezogen und an den Händen zum steileren Teil oberhalb ihrer Hauptgrotte, geführt. Dieses Hochgezogen Werden fühlte sich äußerst interessant an; es war, als würde ein großer Teil von mir schon stehen, während mein Körper noch im Schneidersitz am Boden verweilte.

Zwischen frischen, grün strahlenden Sauerkleeblättern kam ich zum Stehen und wurde dazu aufgefordert, mit meinem Geist in ihre Höhle einzutauchen. In Erwartung feuchter, dunkler Erde, die von unzähligen Wurzeln durchzogen war, tauchte ich mental mit einem Kopfsprung in ihr Reich ein und durfte verblüfft feststellen, dass ich auf einer Blumenwiese gelandet war, die bunter nicht hätte sein können. Die Sonne strahlte ungetrübt und neben mir standen zumindest zwei der Naturgeister. Besonders deutlich konnte ich einen weiblichen Gnom wahrnehmen, der mir sehr liebevoll zu verstehen gab, dass sie mir jetzt helfen wollten. Im selben Moment konnte ich sehen, wie mein Körper von schwarzen Bahnen durchzogen war, die nun geleert wurden. Die alten Schlacken, die aufgrund von unfreiwillig abgespeicherten Emotionen seit Jahren meinen Organismus belasteten, schienen langsam abzufließen. Mir wurde plötzlich richtig übel, ich hatte immer wieder das Gefühl, mich übergeben zu müssen, und obwohl ich ein paar Mal würgte, kam nichts vom Magen hoch. Es war eine kraftvolle energetische Reinigung, die ich erhielt. Nach kurzer Zeit gaben sie mir zu verstehen, auch mit den Handflächen die Erde vor mir zu berühren. Als ich das tat, spürte ich, wie sie an meiner Leber arbeiteten und versuchten, den seit längerem gestauten Meridian zu befreien. Ein angenehmes Druckgefühl machte sich entlang des rechten Rippenbogens breit und ich konnte fühlen, wie etwas in Gang kam.

So glücklich ich über diese Heilung war, hielt mich meine Dankbarkeit doch nicht davon ab, mir Gedanken zu machen, wie ich wohl auf andere Spaziergänger wirken würde. Ich überlegte mir, ich könnte ja behaupten, eine Erdmeditation zu machen, würde ich mich gezwungen fühlen, mich zu erklären. Diese unsinnige Ablenkung störte die Arbeit der Gnome immens, und sie wurde kurz darauf beendet. Ich bekam auch die Botschaft, dass dies erstmal reichen würde.

Vielleicht hätten sie an dieser Stelle ohnehin aufgehört, da solche Arbeiten für den Körper sehr anstrengend sind. Mir war daraufhin den ganzen Abend so kalt, dass ich selbst bis zum Kinn in Wolle eingewickelt noch fror. Auch ein warmes Vollbad half nur kurze Zeit, und den ganzen nächsten Tag lang fühlte ich mich schlapp und irgendwie verschnupft, obwohl ich mich nur selten schnäuzen musste. Ich konnte richtig spüren, wie sich noch mehr zu lösen versuchte. Selbstverständlich reicht eine einzige Heilung nicht, um einen Messie-Organismus von all seinen Altlasten zu befreien, aber eins nach dem anderen.

Abgesehen von diesem großzügigen Geschenk, das ich erhalten hatte, war ich ebenfalls hin und weg von der Begegnung mit der Gnom-Frau. Bis dahin hatte ich nur die männlichen Wesen zu Gesicht bekommen und stellte fest, dass dieses sanftmütige und gleichzeitig starke Naturwesen nicht nur eine andere Form der Energie ausstrahlte, sondern auch ihre Wirkkraft eine andere war:

Während die Herren der Gattung mit der Heilung des Waldes vor allem *unter* der Erde beauftragt sind, schien sich ihre Macht mehr auf das, was auf der Oberfläche lebt und wächst, zu beziehen. Ihre liebende Aufmerksamkeit und Pflege widmet sie dem Gedeihen der jungen, sprießenden Pflanzentriebe und Blüten, wie sie sich sehnsüchtig zur

Sonne hinstrecken. Ich konnte spüren, dass sie große heilerische Kräfte besitzt, die sie auch für die Tiere und Menschen einsetzen kann. Von ihr geht eine so klare und zuversichtliche Ruhe aus, dass sie damit einen heiligen Raum erschafft, in dem eine leichte und spielerische Entwicklung für alle Wesen möglich wird.

Ein Gefühl von Frieden durchströmt mich, wenn ich ihr Bild vor meinen Augen sehe. *„Alles wird gut"* ist das Einzige, woran ich jetzt noch denken kann.

Geschenke der Baumgeister

Auf meiner liebsten Spazierroute wächst direkt neben dem Weg eine stattliche Haselnussstaude[9]. Aus mehreren schlanken Stämmen erhebt sie sich fast drei Meter über einen steilen Hang und streckt ihre Äste gerne auf den Pfad hinaus, so dass man sie beim Vorbeigehen oftmals berühren muss. Ihr gegenüber steht eine Bank, auf der ich nach meiner kleinen Tour gerne in ihrem Schatten sitze, bevor es zurück nach Hause geht.

Seit ich dort regelmäßig unterwegs war, habe ich immer wieder versucht mit ihr zu kommunizieren, was mir aber nie so richtig gelingen wollte. Meistens habe ich geredet, und zurück kam immer wieder mal ein wohlwollendes Gefühl mir gegenüber, was ich als große Gunst empfand.

Vor zwei oder drei Jahren wurde sie so radikal auf ihre Stämme zurückgeschnitten, dass ich mir nicht sicher war, ob sie das überstehen würde. Bis heuer wirkte sie ziemlich mickrig, ihre Äste wirkten immer kahl und so als würden sie eher sterben, als sich zu erholen.

Vor kurzem jedoch schien sie in neuer Pracht zu erstrahlen. In überschwänglichem, sattem Grün streckte sie ihre Triebe wieder bis in den Weg hinein. Zuerst fiel mir das gar nicht auf, weil ich schlecht gelaunt in meine eigenen Gedanken verstrickt war, doch plötzlich riss mich etwas aus dem Geplapper meines Kopfs heraus. Es war, als hätte sie mich gerufen, als ich gerade dabei war, missmutig an ihr vorbeizustapfen. In dem Moment erkannte ich, wie groß und prächtig sie geworden war. Eine freundliche Begrüßung ging von ihr

---

[9]Der Leserlichkeit halber verwende ich hier Strauch und Staude austauschbar, botanisch gesehen ist die Haselnuss jedoch ein Strauch

aus und es wirkte, als wäre sie verjüngt und fideler, als ich sie jemals zuvor wahrgenommen hatte. Sie schien voller Stolz aufrechtstehend ihr neues Blätterkleid zu präsentieren. Wir kamen ein bisschen ins Plaudern und während ich ihr von meinen typisch menschlichen Gedanken erzählte, merkte ich, wie unbedeutend und sinnlos diese waren, also fragte ich sie, was *sie* denn brauche? Sie sagte mir, dass sie Angst hätte, wieder so stark zurückgeschnitten zu werden, was aber sehr wahrscheinlich war, da sie jetzt schon ein gutes Stück in den Weg hineinwuchs. Ich wollte wissen, ob es nicht möglich wäre, dass sie hauptsächlich in die andere, dem Hang zugewandte Seite wachsen könnte, doch das verneinte sie sofort. Also bot ich ihr an, jene Triebe, die vielleicht einen Förster auf den Plan rufen würden, auf liebevolle Weise zu kürzen, doch auch das fühlte sich augenblicklich falsch an. Abgesehen davon ist es vielleicht sogar illegal. Nachdem ich all meine mit dem rationalen Verstand erdachten Optionen ausgeschöpft hatte, bat ich darum, dass das, was die Haselnuss jetzt brauchen würde, einfach durch mich durch zu ihr hinfließen möge. Diese Bitte reichte aus; ich spürte sogleich eine Strahlung, die von mir ausging und in der sich die Staude zu baden schien. Ein Schauer an Licht, gefüllt mit Kraft, Leichtigkeit und Liebe durchflutete ihr Gehölz und Laub, zumindest so lange ich nicht in meine Gedanken abschweifte. Es fällt mir immer noch nicht leicht, diese Konzentration über längere Zeit aufrechtzuerhalten, auch wenn ich das mittlerweile schon eine ganze Weile übe. Nach wenigen Minuten hatte ich aber das Gefühl, dass es gut sei und verabschiedete mich recht abrupt von der Haselnuss. Ich hatte den Eindruck, dass sie noch etwas sagen wollte, aber ich war wohl etwas rastlos, denn es zog mich einfach weiter. Mit dem Versprechen, am Rückweg noch einmal vorbeizukommen, machte ich mich auf den Weg in den Wald.

Nach einer Stunde, in der ich einen Buntspecht bei der Arbeit und eine mutige Amsel – nur zwei Meter von mir entfernt bei ihrem offensichtlich unaufschiebbaren und wichtigen Bad – beobachten durfte, machte ich mich auf den Weg nach Hause. Als ich wieder an der Haselnuss vorbeikam, rief sie mich erneut. Es war vollkommen klar, dass sie noch nicht mit mir fertig war. Gerne wollte ich noch mal mit ihr plaudern, also machte ich es mir auf der Bank gegenüber gemütlich, gespannt auf das, was sie zu erzählen hatte. Aber statt eines Gesprächs überreichte sie mir im Geiste eine einzelne, riesige Haselnuss. Sie legte sie voller Liebe in meine Hände und ich konnte die braune Haut und das Hütchen der fast zuckermelonengroßen Nuss ganz deutlich sehen. Während ich sie fragte, was dieses Geschenk zu bedeuten hatte oder wofür es stünde, verwandelte sich die Haselnuss teilweise in Gold. Mit einem Mal wusste ich, dass ich sie in mein Herz geben sollte. Sie gab mir zu verstehen, dass ihre Gabe mir *Freude* schenken würde. Genau das war es, was mir an diesem Tag gefehlt hatte. Voller Dankbarkeit nahm ich dieses Juwel an mich und tat, wie sie mir aufgetragen hatte. Ich konnte spüren, wie eine angenehme Wärme und goldenes Licht meinen Brustkorb auszufüllen begannen, und tatsächlich ging ich daraufhin viel beschwingter meines Weges. Die schlechte Laune war (vorerst) Geschichte.

Ich bin immer wieder erstaunt darüber, wie deutlich sich Pflanzen- und Naturgeister bemerkbar machen können, wenn sie das wollen. Ich musste nicht mal bei der Sache sein und trotzdem schaffte sie es, meine Wahrnehmung auf sich zu lenken.

Ähnlich erging es mir einmal mit einer Kiefer. An einem heißen Spätsommertag war ich mit Flip-Flops im Wald unterwegs, was sehr praktisch war, da ich damals gerne barfuß unterwegs war, solange der Boden und meine Fußsohlen miteinander kompatibel waren. Liegen zu viele spitze Steinchen, stachlige Pflanzenteile oder Kieferzapfen am Weg, kann man sofort in das rettende Schuhwerk schlüpfen, ohne diese wahnsinnigen Schmerzen länger ertragen zu müssen.

Ich war damals dabei, Goldrute und Beifuss zu sammeln, und genoss zwischendurch immer wieder Ausflüge in das weiche, moosige Bett des Waldes. Während ich zwischen den Bäumen langsam herumlief, „sprang" mich plötzlich eine riesige Föhre an. Ohne Zweifel wollte sie mir etwas sagen, oder besser: sie lud mich ein, mit ihr in Kontakt zu treten. So, wie wir es im Baumseminar gelernt hatten, ging ich barfuß auf sie zu, suchte eine passende Stelle am Stamm, an die ich meine Stirn legen konnte, und berührte den Baum mit Kopf und Körper. Ich kann mich nicht mehr erinnern, wie es dazu kam, aber ich fand mich dabei wieder, ihr von einem meiner Themen zu erzählen, mit denen ich mich schon viel zu lange selbst plagte. Ich fragte sie, warum ich ein bestimmtes Verhaltensmuster, das ich größtenteils als störend und hinderlich erlebte, nicht ablegen konnte. Wie in einer schamanischen Reise schickte sie mir Bilder und Gefühle, die erklärten, was die Ursache dahinter war. Ich konnte meine Emotionen erleben, die der Grund für mein Tun darstellten und wusste somit, wo ich meinen Heilungsprozess ansetzen konnte. Aber nicht genug, dass dieser wunderbare, väterliche Baum mir Monate an Psychoanalyse ersparte; er gab mir auch noch Tipps, welche Bachblüten ich nehmen könne, um die Arbeit an mir zu unterstützen. So empfiehl er mir Water Violet und Cerato einzunehmen, die unter anderem helfen sollen, die Rolle des Höheren Selbst anzunehmen, und das Prinzip von Liebe, Demut und Weisheit im Leben integrieren zu können.

Zumindest meine Demut und Liebe wachsen jedes Mal, wenn ich solche wunderbaren Erfahrungen machen darf. Ich kann gar nicht beschreiben, wie tief es mich berührt, wenn ich in die Natur gehe und dermaßen viel Liebe und Heilung geschenkt bekomme. Einfach so.

Die Verführung der Grille

An einem warmen Sommerabend hatte ich einmal eine spannende Begegnung, als ich bei offener Balkontür an meinem Tisch saß. Es war bereits dunkel, und ich war kurz davor, mich in mein Bett am Balkon zu begeben, als die betörenden Symphonien der Grillen nicht nur von außen hereindrangen, sondern auch im Wohnzimmer ein lautes Zirpen zu vernehmen war. Eine ganze Weile konnte ich den Ursprung des Geräusches nicht ausmachen, bis ich die kleine Musikantin schließlich entdeckte. Keinen Meter von mir entfernt saß sie auf der Anrichte und starrte mich an. Sie saß einfach unbeweglich vor mir, hatte den Blick auf mich gerichtet und schien auf irgendetwas zu warten.

Ich fühlte mich beobachtet. Da mir diese wagemutige Grille so außergewöhnlich vorkam, drehte ich den Spieß um, machte Fotos von ihr und versuchte, ihren Gesang aufzunehmen. Letzterer wurde allerdings von ihren Artgenossen im Freien übertönt, weswegen sie auf dem Video nicht zu hören war.

Es ging langsam Richtung Mitternacht, und ich hatte vor, schlafen zu gehen oder zumindest auf das Sofa unter freiem Himmel zu wechseln. Da ich mir Sorgen machte, dass sie über Nacht in meiner Wohnung verhungern oder verdursten könnte, nahm ich sie auf ein Stück Papier und brachte sie auf den Balkon, wo ich sie in einen großen Blumentopf mit feuchter Erde und einer blühenden Borretschpflanze setzte. So, dachte ich, würde sie schon ihren Weg zurück in die raue Wildnis des Gartens finden.

Ich lag bereits eine Weile gemütlich lesend auf meinem Freiluftbett, als ich bemerkte, dass die Grille mich verfolgt hatte. Diesmal verweilte sie keine sechzig Zentimeter von mir entfernt, und wieder starrte sie mich an! Langsam, oder besser gesagt, hurtig, kam mir die ganze Sache seltsam vor. Ich beschloss, den Versuch zu unternehmen, mit ihr in Kontakt zu treten. Ich brachte mich in den Zustand, der für schamanische Reisen notwendig ist, und fragte sie, was sie mir mitteilen wolle.

Sie gab mir zu verstehen, dass ich ihr folgen sollte; sie wolle mir etwas zeigen. Im Geiste ließ ich mich auf die Reise ein und ließ mich von ihr leiten. Ich konnte sehen, wie wir an einen Ort gelangten, der zwar irgendwo in der Natur sein könnte, und doch wirkte er auf seltsame Weise anders. Magischer. So, als ob die Landschaft von einer unbekannten Energie erfüllt gewesen wäre. Ich hatte den Eindruck, als wären wir an ein Tor gekommen, durch das die Grille mich führen wollte. Sie meinte, sie würde mich zur Königin der Insekten bringen. Ich fand das wahnsinnig aufregend, aber gleichzeitig verunsicherte mich etwas. Mir ist bis jetzt nicht klar, warum ich mit einem Mal skeptisch wurde, aber ich fühlte mich nicht mehr wohl in dieser Situation. Plötzlich wurde mir klar, dass ich ohne mein Krafttier unterwegs war, und dies bei einer Mittelweltreise! Das kann gut gehen, wenn man mit so freundlich gesinnten Wesen wie den Gnomen in Kontakt ist, es kann aber auch negative Folgen haben, da nicht alle geistigen Wesen, die auf dieser Ebene herumschwirren, wohlwollend sind. In diesem Moment war ich mir nicht mehr sicher, ob es eine gute Idee gewesen war, der Grille bedingungslos zu vertrauen. Ich rief mein Krafttier herbei und fragte auch meinen geistigen Lehrer, ob ich ohne Bedenken durch das Tor mitgehen könnte.

Erstaunlicherweise wurde ich plötzlich unsagbar müde, ich konnte die Konzentration nicht mehr halten und döste von einer Sekunde auf die andere weg. Ich erinnere mich, das strahlend weiße Gewand meines Lehrers vor meinen Augen zu haben, sowie an den Versuch, wieder mit der Grille in Kontakt zu treten. Ich hatte auch das Gefühl, dass sie dasselbe versuchte, aber immer schien sich das strahlende Weiß dazwischenzudrängen. Schlussendlich verlor ich den Kontakt. Ich kann mich nicht mehr erinnern, wo die Zirpe am Balkon geblieben war, aber ich glaube, dass sie sich inzwischen verzogen hatte.

Ich ärgerte mich zuerst über mich, dass ich scheinbar so müde war und dieser aufregenden Einladung nicht nachgehen konnte, aber irgendwann kam mir der Gedanke, dass es vielleicht nicht mein Versagen gewesen war, das die Verbindung unterbrochen hatte, sondern durch das Auftreten meines Lehrers und meines Krafttieres verursacht worden war. Ich verlor meinen Fokus erst, als ich mir den Schutz geholt hatte, der für jede schamanische Reise Voraussetzung ist.

Ich erinnere mich auch an ein Seminar, bei dem ich bei einer Trommelreise unhaltbar wegdöste. Es war mir vollkommen unmöglich gewesen, geistig anwesend zu bleiben, was mich sehr ärgerte. Damals besuchte ich ein paar Tage später meinen Lehrer in meiner (schamanischen) oberen Welt und fragte ihn, warum es mich ausschließlich bei besagter Arbeit so vehement in den Schlaf gezogen hatte. Er gab mir damals zu verstehen, dass dies zu meinem Schutz geschehen war.

Ich befragte meinen Lehrer auch jetzt dazu, warum ich es nicht geschafft hatte, der Grille durchs Tor zu folgen. Ich bekam keine genauen Worte als Antwort, aber ein Gefühl wurde mir vermittelt, dass es nicht gut gewesen wäre; dass das, was auf der anderen Seite war, nicht gut *für mich* gewesen wäre. Ich hatte nicht den Eindruck, dass das Insekt mich in eine Art Falle locken wollte, vielmehr wäre die Reise schlichtweg nicht gut gegangen. Ich hatte das Gefühl, dass ich nicht mehr so einfach zurückkommen hätte können. Mir schien auch, dass besagte Königin der Insekten nur neugierig gewesen war, meine unversehrte Rückkehr hatte wohl keine Bedeutung für sie gehabt.

Auch wenn ich es schade finde, dass ich mit dem Überschreiten dieser Grenze meine Neugier nicht befriedigen konnte, bin ich doch unsagbar dankbar für den kraftvollen Schutz, den ich durch Krafttier und Lehrer genießen darf. Nebenbei werde ich wohl auch nicht mehr so schnell vergessen, ohne Verbindung mit dem Krafttier in fremde Gefilde zu reisen.

Gespräch mit der Haselnuss

Nach dem traurigen Erlebnis mit der kleinen Fichte hatte ich das dringende Bedürfnis, mehr über die Hintergründe zu erfahren, wie es sein kann, dass Baumgeister in ihrem Holz festhängen. Ich hatte das Gefühl, dass ich die freundliche Haselnussstaude fragen könnte, vielleicht wäre sie ja dazu bereit, mich ein bisschen aufzuklären.

An einem wolkenverhangenen Tag marschierte ich – in der Hoffnung, bei weniger einladendem Wetter keinen Spaziergängern zu begegnen – zu ihr und fragte sie, wie es sein konnte, dass manche Baumgeister in ihren Stämmen festhängen, nachdem sie gefällt oder durch Naturereignisse zerstört wurden. Sie gab mir auch bereitwillig Antwort:

„Die jungen Bäume wissen noch nicht, wie sie wieder rauskommen, normalerweise bekommen die Jungen Hilfe von den Alten. Es ist für die jungen Bäume schwierig, wenn nicht genug ihrer Art da sind.“

Ich vermute, dass sie mit „genug ihrer Art“ meinte, dass nicht genug *alte* Bäume ihrer Art da sind, was heutzutage generell so ist, vor allem bei den Fichten, die bereits in jungen Jahren gefällt werden.

Sie schenkte mir aber noch weitere Einblicke in das Leben und Sterben der Bäume:

„(Alte) Bäume sterben nicht. Wenn sie alt werden dürfen, leben sie in ihren Wurzeln weiter, sie werden zu ihren eigenen Kindern – sie gehen in ihre Kinder über. Werden sie aber gefällt, geschieht das viel zu schnell, und sie können sich nicht richtig anpassen.

Junge Bäume können nicht in ihre Kinder übergehen, ihre Seele geht zurück in die gesamte Baumseele, wenn sie Hilfe bekommen.

Bäume besitzen auch keine Körperseele, so wie ihr Menschen (...).“

Nach diesen Infos ging ich vorerst gesättigt nach Hause. Beim Schreiben allerdings ist mir klar geworden, dass daraus noch viel mehr Fragen gewachsen sind. Vielleicht könnte die weise Haselnussstaude sogar erklären, was es für einen gesunden Wald benötigt, oder besser, wie wir Menschen mit den Bäumen umgehen können, damit der Wald gesund bleibt, und wie Forstwirtschaft betrieben werden kann, sodass dabei so wenig Schaden wie möglich entsteht.

Mit diesen und noch mehr Fragen im Kopf besuchte ich den Baum einige Wochen später wieder und war schon in Vorfreude, was ich zu hören bekommen würde. Als ich bei ihr ankam, erwartete mich aber etwas ganz anderes.

Sie schien mir richtiggehend gedrückt zu sein, eine seltsame Schwere umgab sie und eine Traurigkeit, wie sie oft durch körperliche Schwäche entsteht, ging von ihr aus, so dass mir augenblicklich klar wurde, dass heute kein guter Tag für Fragen war. Vielmehr brauchte sie Hilfe. Ich fragte sie, was sie plage, bekam aber keine Antwort; nur noch mehr von diesem schweren Gefühl. Also stellte ich die Frage in den Raum, was sie brauche, um wieder zu Kräften zu kommen.

Eine Technik, die für mich sehr gut funktioniert, ist, mich mit meinen geistigen Helfern zu verbinden, und darum zu bitten, dass das, was das Gegenüber jetzt braucht, durch mich durchfließen kann. Manchmal ist das ein starker Energiestrom, den ich über meine Hände bis in die Unterarme hinein spüre, manchmal fließt die Energie direkt durch meinen Körper zum Gegenüber hin, und oft ist es ein Heilgesang, der aus mir herauskommt, ohne dass ich über die Melodie nachdenke.

Nichts davon bewirkt Wunderheilungen, allerdings bringt es meistens die Energien wieder ins Fließen oder kann etwas auffüllen, wo unpassende Leere war.

An diesem Tag begannen meine Arme intuitiv über die Stämme nach oben zu ziehen, und ich merkte, dass eine Extraktion[10] nötig war. Sowohl in den Wurzeln als auch in den Ästen und Blättern waren sehr dichte Energien zu spüren, die der großen Pflanze zu schaffen machten. Für längere Zeit arbeitete ich daran, die Schwere aus dem Gehölz zu ziehen und das Laub zu befreien. Meine Finger machten unwillkürlich lustige Bewegungen, als wollten sie jedes einzelne Blatt kitzeln. Währenddessen musste ich unentwegt gähnen, so zäh zeigte sich diese Aufgabe. Es gelang mir auch nicht, die Staude vollständig zu reinigen, aber sie wirkte nach einer Weile wieder kräftiger und vitaler. Als ich sie fragte, woher diese bedrückenden Kräfte gekommen waren, zeigte sie mir, wie sie die schweren Energien von den Spaziergängern aufnahm, die an ihr vorbei gingen und ihre Triebe streiften. Ich bot ihr an, einen Schutz für sie zu machen, so dass sie nicht so viel davon aufnehmen müsse. Das wollte sie aber nicht. Sie gab mir zu verstehen, dass das auch ihre Aufgabe sei. Sie reinigte die Besucher, sodass diese mehr Leichtigkeit in den Wald trugen. Sie wirkte wie eine Torwächterin, die versuchte, nichts Schadhaftes in den Hain gelangen zu lassen.

---

[10]Extraktion ist vereinfacht ausgedrückt eine schamanische Technik, bei der etwas, das ein Zu-viel darstellt, aus dem Körper bzw. dem energetischen Feld einer Person gezogen wird. Siehe auch Anhang.

Für diese Aufgabe hätte sie an keinem besseren Platz stehen können.

Beeindruckt von so viel Selbstlosigkeit verabschiedete ich mich und spazierte nach Hause. Die Fragen, für die ich gekommen war, musste ich mir für ein anderes Mal aufheben.

Wochen später, in denen das Schreiben beinahe vollständig zum Erliegen gekommen war, hatte ich eines Sonntags das starke Gefühl, in den Wald gehen zu müssen. Ich dachte, dass dieser Drang mit meinem körperlichen Unwohlsein zu tun hatte und Bewegung im Wald wohl Abhilfe schaffen sollte. Im Gegensatz zu den anderen Tagen der letzten Woche, wusste ich an diesem Nachmittag genau, dass ich meine übliche Spazierroute gehen würde. Vielleicht würde ich sogar Lust zum Laufen bekommen. Aus einer plötzlichen Laune heraus packte ich mein Notizbuch ein – wer weiß, was sich ergeben würde.

Auf schweren Wanderschuhen für alle Eventualitäten gerüstet, ging ich gerade mal zehn Minuten, als ich bei der Haselnussstaude ankam und diese mich mit unerwartet guter Laune überschwänglich begrüßte. Sie schien voller Freude und Tatendrang zu sein und fragte mich sofort, wie es mir ginge. Sie wirkte richtig aufgeregt und ich merkte, heute war der Tag gekommen, an dem wir uns unterhalten würden.

Zuerst verlangte sie aber, dass ich meine Schuhe auszöge und mich mit ihr über die Füße verbinden solle. Das tat ich gerne und spürte auch sogleich eine Energie an meinen Sohlen, die in die Erde zu strahlen schien, wo sie auf dicke Wurzeln des Baumes traf. Es fühlte sich an, als wolle man jemandem die Hand geben, aber wenige Zentimeter vor der Berührung stillhält und die Energie des anderen spüren kann. Es war ein angenehmes, kräftiges Gefühl.

Mir ist schon vor Jahren aufgefallen, wie viel man über die Fußsohlen wahrnehmen kann, als ich einen Sommer lang unzählige Male barfuß in Natters unterwegs war. Damals wusste ich ganz plötzlich, dass sich vielleicht fünfzig Meter abseits von mir, den Hang hinunter, Rehe befanden, ohne dass ich sie gehört oder gesehen hatte. Durch den vielen Kontakt mit dem Boden schien ich Informationen aufgefangen zu haben, die meine restlichen Sinne nicht erfassen konnten. Es war richtig aufregend, als kurz nach meiner „Erkenntnis" tatsächlich zwei Rehe aus dem Unterholz herausstiegen und seelenruhig ihres Weges gingen.

Bei der Haselnuss geschah Ähnliches. Ich spürte einen intensiven Kontakt, somit stand einer ungetrübten Kommunikation nichts mehr im Weg.

Ich fragte sie, was sie gemeint hatte, als sie sagte, Bäume, oder besser Pflanzen allgemein, hätten keine Körperseele.

„*Verlässt eine Baumseele sein Holz, ist das Holz tot. Es hat keine eigene Seele* (wie der menschliche und tierische Körper etwa). *Pflanzenarten haben jeweils eine Gesamtseele; wenn ein Teil davon sich materialisiert, dann wird sie, ein Baum etwa, ein Individuum.*"

Dies ist auch spürbar. Abhängig vom Standort, der Erfahrung und dem Zustand des Baumes, fühlen sich Bäume derselben Gattung unterschiedlich an. Auch ihre Stimmung ist unterschiedlich, und nicht jeder hat Lust zu kommunizieren oder ist freundlich eingestellt. Im Baumseminar zeigte sich, dass alle Bäume einer Art die gleiche „Grundmentalität" besaßen, und trotzdem hatten sie noch Eigenheiten und suchten sich aus, mit wem von uns sie zu kommunizieren bereit waren. Wie schon an früheren Stellen beschrieben, haben sie auch Emotionen, können sich einsam oder traurig fühlen.

Da Bäume nicht nur wunderbare lebendige Wesen sind, sondern auch Holz für unseren Alltag geben, musste ich die Frage stellen, ob es eine gute Art der Forstwirtschaft gäbe.

„In dem Maße, in dem ihr Holz verbraucht, ist dies nicht möglich. Baut Häuser aus Stein, recycelt…"

An dieser Stelle musste ich das Thema in eine andere Richtung lenken, da meine Gefühle hierzu zu stark waren, als dass ich von meinen Gedanken unberührte Botschaften erfassen hätte können.

Also fragte ich, wie das Schlagen von Bäumen auf gute Art und Weise funktionieren könnte:

„Geh in den Wald und bitte die Bäume um die Anzahl, die ihr braucht. Sie entscheiden selbst, wer von uns bereit ist, sich zu geben. Warte dann einen Monat und komm wieder, dann sind wir bereit."

Wie sollen wir wissen, wer bereit ist, zu sterben?

„Du wirst es sehen. Diese Bäume werden den Eindruck erwecken, dass ihre Äste leblos an ihnen herabhängen, sie werden schwach wirken. Du kannst es energetisch sehen."

Ich bekam auch das Gefühl übermittelt, dass es gar nicht so schlimm ist, wenn das Holz verwendet wird, solange dies mit Respekt und Vernunft getan wird. Der energetische Zugang zählt hier wohl viel mehr. Dieses Gefühl überraschte mich sehr, da ich über jeden Baum der gefällt wird heulen könnte, während mir gleichzeitig nichts mehr Wohlgefühl bereitet als ein knackendes Kaminfeuer. Verwirrend.

Daraufhin wollte ich wissen, was der Kahlschlag ganzer Flächen für die Bäume bedeutet.

„Besonders für die Naturgeister ist das schlimm, die verlieren auf einmal ihre Heimat. Das ist ein großer Schock und Einschnitt für die Gegend."

Wie ist es mit Baumschulen? Wenn Bäume nur für den Zweck der Ernte gesetzt werden? Wenn sie in jungen Jahren wieder gefällt werden? Macht das einen Unterschied? Wie kann eine Baumschule funktionieren?

„Die Kleinen brauchen Trost und Liebe. Es braucht einen Vaterbaum, der alt ist und die Seelen der jungen Bäume in sich aufnehmen kann. Über seine Wurzeln werden sie zurückgeführt."

Der Tod erscheint nicht unbedingt schlimm. *„Alle Erinnerungen, die alle Individuen – die Fichten zum Beispiel – haben, erweitern das Sein und formen ihr Sein, bilden die Gesamtheit, die das Leben dieses Nadelbaumes ausmacht."*

Aber wie auch die Naturgeister wünschen sich die Pflanzen Dankbarkeit und Anerkennung für ihr aufopferndes Sein. Für die Hilfe und Liebe, die den Menschen und Tieren geschenkt wird. Für ihr freiwilliges Sich-Geben.

Dieses Sich-Geben ist tatsächlich nur bei den Pflanzen so. Ob als Nahrung, liebevolle Hilfe auf verschiedenen Ebenen oder Medizin, kein anderes Wesen gibt freiwillig sein Leben.

Tiere wissen zwar, dass sie ein Teil des Fressen-und-gefressen-werden-Systems sind, aber keines geht freiwillig in den Tod. Im Gegenteil, es kämpft bis zum letzten Augenblick um sein Überleben.

Nicht so die Pflanzen. Und dafür haben sie zumindest unseren Dank und einen respektvollen Umgang verdient.

Bei der Frage, wie wir mit Pflanzen gut umgehen können, was sie sich wünschen, um mit uns in Kommunikation zu gehen, erhielt ich unter anderem die Information, dass sie auch Düfte und Räucherwerk mögen. Bei der Vorstellung,

Pflanzenteile zu verbrennen, um Rauch zu erzeugen war mir nicht ganz wohl.

Macht das Feuer den Pflanzen nicht Angst?

„Feuer ist ein Teil von uns. Alle Elemente sind in uns enthalten. Das Feuer bringt die Früchte, die Fortpflanzung und die Blüten hervor. Das Verbrennen von Holz oder Harz zu Räucherzwecken ist kein Problem für uns, du vergisst – wir haben keine Körperseele.“

Nachdem nun immer wieder die Baumseele und die (nicht vorhandene) Körperseele Thema waren, fragte ich mich, was denn Pflanzendevas seien. Ich hatte im Kontakt mit der Haselnuss nicht das Gefühl, mit einer Deva in Berührung gekommen zu sein.

„Die Pflanzendevas entstehen aus dem Äther, sie sind Elementare, Luftgeister. Sie sind die Hüter und Heiler der irdischen Pflanzen und halten die Verbindung des Individuums zur Pflanzenseele. Sie sind an die Materie gebunden und nur da, solange die Pflanzenseele in der Pflanze verweilt.“

Mit diesen Worten endete die Fragestunde. Vorerst. Die Informationen, die ich bekam, hinterließen bei mir den intensiven Eindruck, dass der Umgang mit der Ressource Holz sich vollkommen ändern müsste! Der Wald muss als das Lebewesen anerkannt werden, das er ist, und es muss dementsprechend anders auf seine Bedürfnisse eingegangen werden, damit eine funktionierende Symbiose zwischen Mensch und Natur entstehen kann. Außerdem wird das energetische Arbeiten zum natürlichen Alltag gehören müssen. Ich kann mir so ein Arbeiten eigentlich gut vorstellen, allerdings wird sich unser Konsumverhalten grundlegend ändern müssen. Aber nichts von diesen Erkenntnissen ist etwas Neues.

Bevor ich die Haselnuss verließ, bat sie mich noch, für sie einen Schutz zu machen und ihre Wurzeln zu stärken. Es war spannend, wie unwillkürlich es meine Arme wieder in die Höhe und meine Aufmerksamkeit an verschiedene Stellen des Baumes zog. Ich dachte auch fast, diesmal ohne peinliche Begegnungen mit Spaziergängern davonzukommen, doch ich war zu langsam. Das freundliche Baumwesen gab mir zu verstehen, dass es jetzt genug war, ich aber hatte das Gefühl, das Ganze noch mit einer großen Bewegung zum Abschluss bringen zu müssen. Und da war sie dann auch, die Spaziergängerin. Sie sah mich und war sichtlich „not amused“, sodass sie mich kaum grüßen wollte. Pech.

Ich jedenfalls ging die zehn Minuten wieder nach Hause, zwar ohne körperliche Ertüchtigung – Joggen schien mir jetzt ein Konzept eines anderen Sterns zu sein –, dafür aber überglücklich.

Duir

An einem besonders kalten und klaren Wintertag machte ich mich auf, um in Gnadenwald mit den Naturgeistern zu kommunizieren. Ich hatte gehofft, mit dem Geist des Ortes in Kontakt treten zu können, der sich bei einer anderen Gelegenheit kurz gezeigt hatte. Damals war ich in Begleitung und hatte keine Zeit, mich genauer mit dem Wesen, das sich vor mir erhob, zu beschäftigen. Ich blieb jedoch zutiefst beeindruckt zurück, als er riesig – so groß wie ein ganzer Berg – aus dem Boden aufstieg. Es war nur ein kurzer, jedoch imposanter Augenblick, in dem wir uns ansahen. Da ich aber nicht die Ruhe hatte, mich länger zu unterhalten, verschob ich das Treffen auf ein anderes Mal.

Heute sollte es soweit sein. Ich hatte vor kurzem eine neue Trommel gekauft, die von Anfang an klarmachte, dass sie mich begleiten würde, wenn ich mich mehr mit der Natur und Mutter Erde auseinandersetzen wollte. Sie ist aus Rehhaut und -fell gemacht und hat in der Mitte eine Verzierung, die einen Baum darstellt. Auch der Geist der Trommel zeigte sich als stattliche Rehkuh, was ich sehr passend finde, da Rehe seit längerem eine wichtige Rolle in meiner Beziehung zur Erde spielen. Ich bin froh, die Trommel nach langem Hin und Her gekauft zu haben, auch wenn mein Auto die Finanzspritze dringend gebraucht hätte. Jetzt muss Letzteres eben noch eine Weile warten (und hoffentlich halten!).

Bei minus elf Grad und ungetrübtem Sonnenschein stapfte ich mit der Trommel in den Wald, um zum Platz bei den Tannen zu kommen. Dort hatte ich die erste Begegnung mit dem Geist des Ortes gehabt, und genau dort wollte ich meine

Arbeit machen. Trotz der Kälte war es eine wunderschöne Wanderung. Der Schnee knirschte unter meinen Stiefeln, und die Sonne schien immer wieder zwischen den Fichten und Kiefern durch und erschuf ein magisches Lichtspiel. Unter den Nadelbäumen standen immer wieder kleine Buchen, nicht mehr als eineinhalb Meter hoch, die noch ihre welken, rötlich-braunen Blätter trugen und einen lebhaften Kontrast zum weißen, schneebedeckten Boden zeichneten. An manchen Stellen, die länger von der Sonne beschienen worden waren, hatten sich Pfützen gebildet, die durch die Kälte gefroren waren. Wie eine Welt unter Glas erschien mir die Vegetation darunter; das im Eis erstarrte grüne Gras wirkte wie ein kleines Kunstwerk. Von so viel Schönheit umgeben war meine Laune auf dem Höchststand.

Ich beschloss, den Spaziergang mit einer schamanischen Mittelweltreise[11] zu verbinden, so dass ich einerseits die Spirits des Ortes gut wahrnehmen konnte; andererseits wollte ich von Anfang an eine Art heilige Zeremonie daraus machen. Dieses Vorhaben erwies sich als äußerst effektiv. Ich hatte fünf Kontakte zu Pflanzen- und Naturgeistern in nur drei Stunden! Das war für mich doch recht außergewöhnlich und hatte viel Konzentration gefordert. Bis ich zum Platz mit den Tannen kam, war ich bereits so müde, dass ich beschloss ein anderes Mal zurückzukehren, um mit dem Ortsgeist zu sprechen.

Die zweite der fünf Begegnungen, die ich hatte, kam völlig unerwartet. Wie gesagt war meine Laune fantastisch, und ich war fast ein bisschen übermütig. Ich begrüßte die Bäume

---

[11]Mittelweltreise, siehe Anhang

und Steine, die mir auffielen, und genoss die Stellen, an denen die Sonne durchschien, mit einem glücklichen Grinsen im Gesicht. Ich erwartete mir nichts, als ich eine junge Eiche sah, die ich mit den Worten „Ich grüße dich, Druidenbaum!“ ansprach. *Du kennst die Druiden?,* schoss es augenblicklich aus ihrer Richtung zurück. Wir waren sofort im Gespräch. Ich gestand, dass ich die Druiden leider nicht kannte, was ich sehr bedauerlich finde. Dieser junge Baum jedoch gab an, sie gekannt zu haben. Und ohne ein weiteres Wort zu verlieren, zog er mich für ein paar Sekunden in seine Erinnerungen hinein. Zumindest glaubte ich, dass es das war. Es war nur ein kurzes, wenn auch äußerst intensives Gefühl, das ich gar nicht benennen konnte. Ohne zu wissen wie mir geschah, fing ich mitten am Weg zu weinen an. Es war nicht einfach ein Kloß im Hals oder Tränen, die hochkamen, sondern ein richtiges, sich Raum schaffendes Schluchzen. Kurz, aber tiefgehend. Ich weiß nicht einmal, was ich gespürt habe, aber es hat wohl einen Teil in mir berührt, der mir verborgen ist. Vielleicht einen Teil, der sich erinnert?

Wie konnte mir die Eiche, die bestenfalls zwanzig Jahre jung war, überhaupt dieses Geschenk machen? Sie konnte die Druiden unmöglich kennen. Interessanterweise hatte ich bereits vor einigen Jahren im Schwazer Silberwald ein Erlebnis mit einer Eiche, bei dem ich den Eindruck bekam, sie wäre die Reinkarnation ihrer Selbst. Damals war ich mir nicht sicher, ob ich nicht vielleicht einer Täuschung meiner Gedanken unterlag, oder ob ich tatsächlich einen Einblick bekam. Jetzt aber, bei der Eiche in Gnadenwald, kam dieses Gefühl wieder. Anders als bei anderen Bäumen, die in ihren Kindern weiterleben, machten die Eichen den Anschein, zu reinkarnieren. Beide schienen selbst dort gewesen zu sein, bei den Kelten und den Druiden.

Wahrscheinlich habe ich einfach das Wesen von Baumgeistern noch nicht richtig verstanden, trotzdem fühlt es sich bei den Eichen anders an als beispielsweise bei der Haselnuss oder der Birke. Möglicherweise unterscheiden sich die einzelnen Baumarten diesbezüglich aber auch voneinander.

Mit diesem Erlebnis war die Sache allerdings noch nicht gegessen. Der freundliche Spirit erklärte mir, dass die *„Druiden die Eicheln hüten"* würden. Ich verstand zuerst nicht ganz, was er damit meinte. Würden sie die Eicheln im Herbst sammeln und zu Hause überwintern, damit sie nicht erfroren? Oder würden sie sie vor dem Gefressen werden behüten? Noch mit solch bescheiden intelligenten Gedanken im Kopf zeigte er mir, wie die Druiden durch den Wald gingen und genau schauten, was die Eichen benötigten. Und was sie brauchten, war Liebe!?! Ich sah ein schönes Bild eines ganz in Weiß gekleideten Mannes, der mit leicht zur Seite ausgestreckten Armen und offenen Handflächen durch einen Eichenhain ging. Die Bäume schienen das, was von ihm zu ihnen floss, in sich aufzunehmen. Wie eine Welle sanfter Energie strömte Liebe zu ihnen.

Ich fragte den Spirit, was ich denn tun könnte, und er gab mir zu verstehen, dass ich mein Herz öffnen solle. Dies stellte ich mir im Geiste vor und konnte erleben, wie aus meinem Herzen und meinen Handflächen pure Liebe zu ihm hinfloss. Es war ein wunderschönes Gefühl, mit einem so großen und gleichzeitig bescheidenen Wesen verbunden zu sein. Ich hatte den Eindruck, dass ich nur einen winzigen Bruchteil dessen wahrnahm, was der Baumgeist wirklich war. Von der Bedeutung der Eichen *für* die Erde, und ihre

Beziehung *zur* Erde und zu uns Menschen. Ich fühle mich wie jemand, der einen kurzen Moment lang den Blick auf ein großes Mysterium werfen durfte. Der die Ahnung einer Ahnung erhaschen durfte, welche ihn für immer neugierig zurücklässt.

Bevor wir uns verabschiedeten, zeigte mir der Spirit noch, wie die Druiden die gesammelten Eicheln in einem zeremoniellen Ritual in Milch auskochten und diese dann tranken, um Kraft zu erhalten. Er gab mir zu verstehen, dass auch ich dieses Ritual vollziehen dürfe. Da ich keine Kuhmilch trinke, erklärte er mir sogar, dass ich dies auch mit Mandelmilch – aber nur mit Mandelmilch – machen könne. Ich war überrascht über solch eine Detailgenauigkeit. Wenn man allerdings bedenkt, dass es sich um eine heilige Zeremonie handelt, bei der der Baum seine Kraft schenkt, erscheint dies nicht nur verständlich, sondern sogar absolut notwendig.

Zum Schluss fragte ich ihn, ob er mir eine Botschaft mitgeben wolle. Einfach und prägnant antwortete er, wir *„mögen die Bäume und die Natur mit all ihren Wesen mehr achten.“*

Wir arbeiten daran, ich verspreche es!

Der Berggeist vom Hechenberg

An einem sonnigen Wintertag, der dem bald anstehenden Frühling alle Ehre machte, begab ich mich, mit der Mission, dem Wasser zu lauschen, auf den Weg zum Inn. Am Wochenende zuvor, als es noch minus zwölf Grad hatte, war ich auch schon dort gewesen und hatte mich trotz des eisigen Windes fast nicht vom Ufer wegreißen können. Das türkisfarbene Wasser und die Stromschnellen übten eine unglaubliche Faszination aus und bewirkten, dass ich mich nach einer Weile sehr ruhig fühlte. Die ganze Herzgegend schien sich erleichtert zu öffnen, ich hatte das Gefühl, als könnte ich wieder freier atmen. Der Lockdown war anscheinend doch tiefer gegangen, als gedacht. Als ich dann wenige Tage darauf in einer schamanischen Reise die Botschaft bekam, „dem Wasser zu lauschen“, lief ich voller Erwartung zurück zu dem Platz am Inn. Es war Samstag, und die Sonne schien so warm, dass man ohne Jacke gehen konnte. Ich hatte mir ausgemalt, dass ich mich wieder an denselben Platz setzen, dem stetigen Fließen lauschen und unglaubliche Erkenntnisse gewinnen würde.

Pustekuchen! Samstag. Sonne. Inn. Das bedeutet, dass halb Tirol mit Kind, Hund und Kegel seine freie Zeit dort genießt. „Mein“ Platz war nicht nur bei mir beliebt, sondern bei mehreren Familien gleichzeitig, die ihren Spaß mit den Steinen und dem Wasser hatten. Ich kann mich nicht erinnern, wann ich zuletzt so viele Kinder beim Steine springen lassen beobachten konnte!

Ich ging also ein Stück flussaufwärts und fand ein Fleckchen, das bis dahin nur eine einzelne Mutter mit Kind und Hund beansprucht hatte. Bei einem großen, flachen Stein breitete ich meine Unterlage aus und machte es mir einigermaßen gemütlich. Nun konnte es losgehen.

Ich lauschte… der Autobahn und ihrem ständigen Rauschen; ...zurück in die Konzentration! Ich lauschte… dem nahen Flughafen und dem zweimotorigen Flieger, der unermüdlich lautstarke Runden drehte ...ich lauschte… den Familien und den vor Vergnügen quietschenden Kindern... herzallerliebst waren sie mit ihren niedlichen Händen und stupsigen Nasen und den kleinen Hunden… ich lauschte (inzwischen leicht angestrengt) weiter… den ins Wasser plumpsenden Steinen und den Warnungen der Eltern ...und, und, und. Dazwischen hörte ich tatsächlich auch immer wieder das Wasser, aber von „dem Wasser lauschen“ konnte nicht die Rede sein.

Irgendwann überlegte ich, ob ich aufgeben und es stattdessen am netten Bach im Wald bei mir versuchen sollte. Der kleine Pfad dorthin war inzwischen jedoch vollkommen überwuchert (wie ich dachte) und Sonne würde ich dort auch keine abbekommen. Also blieb ich sitzen und schaute in der Gegend herum, die Wärme und das Panorama genießend. Der Lichteinfall am Hechenberg zeichnete interessante Konturen in den Felsen. Eine der vielen Formationen sah aus wie das Gesicht eines sehr alten Mannes, mit breiter Nase und einem zahnlosen Mund, von tief zerfurchter „Haut“ eingerahmt. Die Augen waren wie von einem Tuch aus Stein bedeckt. Ich fragte mich, ob sich so vielleicht der Berggeist zeigen würde. Meine Frage blieb aber vehement unbeantwortet und ich ließ meinen Blick weiter schweifen. An einer anderen Stelle sah ich wieder ein Antlitz und es sah exakt so aus, wie das des Berggeists vom Untersberg. Mit langem Gesicht, einer großen, dünnen Nase, fließendem Bart und einer spitzen Mütze. Er hatte nichts mit Disneys

„Hey-Ho-wie-sind-wir-alle-froh"-Zwergen gemein. Sein Anblick war eher ehrfurchtgebietend und vermittelte die Ernsthaftigkeit eines alten Zauberers. Während ich noch dabei war, mir Gedanken über die Ähnlichkeit zu machen, war der Kontakt schlagartig hergestellt. Alle Geräusche um mich herum waren mit einem Mal in die Bedeutungslosigkeit verschwunden, nichts vermochte meine Aufmerksamkeit mehr abzulenken.

Nachdem es sein Aussehen war, das mich neugierig gemacht hatte, startete ich das Gespräch, indem ich ihn fragte, ob alle Berggeister die Form eines Zwerges annehmen würden. Während ich mir die Antwort im Geiste augenblicklich selbst gab – der Berggeist von Hötting hatte sich einst als matriarchale Gämse gezeigt – kam auch schon sein provokant-ironischer Konter zurück: *„Welche Form hättest du denn gerne?"*. Dabei schickte er mir das Bild einer vollbusigen Bauchtänzerin, die nun wirklich nicht meinen Vorlieben entspricht, aber den Zweck, mich ein wenig zu hänseln, nicht verfehlte. Schmunzelnd wollte ich trotzdem gerne wissen, warum er das Bild eines Zwerges gewählt hatte, um sich zu zeigen. Er ließ mich wissen, dass diese Naturgeister sehr eng mit den Bergen verbunden sind: „S*ie kümmern sich um sie*". Ähnlich den Gnomen versorgen sie die *Wurzeln* des Berges und unterstützen ihn in seinem langsamen Wachstum. Sie schaffen Stabilität, indem sie die passenden Mineralien dorthin leiten, wo sie gerade gebraucht werden.

In den meisten Märchen und Erzählungen über Zwerge werden diese als Gold- und Edelsteine schürfend beschrieben. Das Bild dieser Wesen ist somit auf eine verzerrte Art und Weise nicht ganz falsch; sie sind ja wirklich mit den Schätzen – den Mineralien des Bergs – beschäftigt, nur eben vollkommen anders. Ich war ziemlich überrascht von diesem Bild, muss aber gestehen, dass ich es liebe. Nicht das eigene Streben nach Reichtum ist der Antrieb ihres Tuns, sondern das Dienen einem größeren Ganzen. Ein wirksamer Teil der Natur zu sein, so wie ich es von allen Naturgeistern bis jetzt kennengelernt habe.

Die Verbundenheit mit den Wurzeln der Berge erklärt vielleicht auch, warum ich im Wald noch nie einem Zwerg begegnet bin. Wahrscheinlich müsste man wie Bergarbeiter tief unter Tage gehen.

Nachdem das Wachstum von Gebirgen sehr langsam vonstatten geht – die Alpen wachsen circa zwei Millimeter pro Jahr in die Höhe – wollte ich wissen, ob die Zwerge auch in diesem Zeitgefühl existierten. Er gab mir zu verstehen, dass sie „*außerhalb unserer Zeit wären, sie wären die Hüter der Schlafenden*". Berge wären in einer Art Schlaf bis zum „*Zeitenende*", was eher einer anderen Bewusstseinsform entspräche, als unserer Vorstellung von Schlaf. Sie würden erst erwachen, wenn wir Menschen schon lange nicht mehr existierten. „*Sie erwachen, wenn sie ihre Form ändern müssen*", was erst geschehen würde, wenn das Ende des Planeten und somit ihr eigenes bevorstünde.

Ich war ein wenig verwirrt, wie ich mit dem Geist des Berges sprechen konnte, wenn er doch schlafen würde. Er erklärte mir, dass der Geist des Berges zwar mit dem Gestein verbunden, jedoch nicht das Gestein selbst sei, so wie der Geist eines Ortes mit der Flora verbunden, aber nicht die Pflanzen selbst ist.

Auch wenn mir klar ist, dass die Natur beseelt ist, überrascht mich die Vielfalt der Spirits und ihre differenzierten Wirkungsbereiche immer wieder aufs Neue!

Am Ende unseres Gesprächs angekommen, ging mir das Bild des nahegelegenen Steinbruchs nicht aus dem Kopf. Würde sich nicht durch das Abtragen der Felsen auch die Form des Berges ändern? Würde ihn das nicht wecken oder zumindest stören? Ich bekam die frustrierende Antwort, dass der Berg dadurch wirklich sterben würde, wenn auch nicht sofort. Und sein Spirit mit ihm. Dieser würde in die Gesamtheit aller Berggeister zurückkehren.

Immer wieder stellt sich die Frage, wie ein gutes Zusammenleben mit der Natur und all ihren Wesen möglich ist!? Wenn alles beseelt ist, welchen Anspruch dürfen wir dann noch auf natürliche Ressourcen erheben? Wo ist unser Platz in der Natur? Wie können wir als menschliches Kollektiv ein Leben führen, das im Einklang mit allen Lebensformen steht, sodass wir eine Identität finden, auf die wir stolz sein können?

Geheimnisvolle Gabe der Wichtel

An besagtem kalten Tag in Gnadenwald, an dem der Schnee so schön knirschte und ich die Eiche traf, hatte ich zu Beginn meiner kleinen Reise ein Erlebnis, das mich wieder einmal sehr berührte und auch überraschte. Neben den breiten Hauptwegen, die zu einem Rundwanderweg gehören, führen auch kleinere Trampelpfade durch den Wald, die im Sommer nicht nur angenehmer sind, weil sie unter den Bäumen mehr Schatten bieten, sondern auch, weil sie interessanter zu gehen sind. Verschlungener, zwischen Heidelbeerstauden und saftigem grünen Moos, kommt eher das romantisch verklärte Naturgefühl auf, nach dem ich mich oftmals sehne. Ein echter Urwald würde mich möglicherweise zu Tode ängstigen. Das kann einem hier nicht passieren.

Da ich, wie bereits beschrieben, recht früh begann, den Wald im Sinne einer Mittelweltreise zu begehen, zeigte er sich mir auch viel lebendiger. Es war, als würden die Bäume raunen und miteinander flüstern, überall war das pure Leben zu spüren. Nicht lange nachdem ich vom Hauptweg abgegangen war, lief ich an einem Baumstumpf vorbei. Er unterschied sich nicht von den vielen anderen, die trauriges Zeugnis darüber ablegten, dass dies definitiv kein Urwald war. Ohne zu wissen warum, blieb mein Blick an ihm hängen und es dauerte nur wenige Augenblicke, bis mir klar war, dass dies eine Heimstatt von Naturgeistern war. Zuerst dachte ich an Kobolde, wie einst beim Seminar, doch ich wurde sofort eines Besseren belehrt. Es waren Wichtel, die da wohnten. Sie waren auch sofort bereit, mit mir ein Schwätzchen zu halten, von dem ich leider nur wenig in Erinnerung behalten habe. Die Essenz ist zum Glück aber geblieben: Aus irgendeinem Grund wussten die Wichtel, dass es dem Ältesten der Gnome schlecht ging. Vor ein paar Monaten schon musste ich bei einem Besuch erkennen, dass er ernsthaft erkrankt war. Ich habe bisher noch nicht darüber geschrieben, da ich nicht weiß, worum es dabei geht; ich durfte nicht sehen, was das wirkliche Problem war. Das Bild jedoch, das ich empfangen hatte, zeigte, wie er sich an einer Wurzel vergiftet hatte!?

Bis heute verstehe ich nicht, wie das geschehen konnte und was die Hintergründe sind. Eine Zeit lang hatte ich auch Angst, dass er durch seinen Kontakt mit mir zu Schaden gekommen war. Nachdem sie mich aber einluden, an einer Heilzeremonie teilzunehmen, hoffte ich, dass dies nicht der Fall war.

Langer Rede kurzer Sinn, die Wichtel wussten um den schlechten Gesundheitszustand des Ältesten und wollten, dass ich ihm ein Geschenk von ihnen bringe. Das wollte ich natürlich gerne tun und so hielt ich kurz darauf etwas in meinen Händen, das ich vielleicht als Steinbrocken beschreiben könnte, der von innen heraus rosa und weiß strahlte. Ich fragte, wofür dieses wunderschöne, leuchtende Etwas, das an einen großen Kristall erinnerte, gut sei und wie es ihm helfen würde, aber auch dies scheint ein Geheimnis zu bleiben. Aus irgendeinem Grund ist mir die Einsicht in die für mich besorgniserregende Angelegenheit verwehrt.

In vollem Vertrauen, dass alles genau so war, wie es sein sollte, nahm ich das Präsent an mich und suchte in meiner unteren Welt[12] einen Platz, an dem es solange sicher aufbewahrt sein würde. Dabei lernte ich, dass es wohl einen Ort

---

[12] Untere Welt, siehe Anhang

für meine „Schätze" gibt, der gut behütet wird. An diesen (geheimen) Ort brachte ich den Stein, und nachdem es nichts mehr zu sagen gab, verabschiedete ich mich bald darauf von den Wichteln. Ich war vollkommen verblüfft, wie weit die Vernetzung der Naturwesen geht, und wieder einmal war ich tief berührt davon, wie respekt- und liebevoll sie miteinander umgehen.

Es dauerte zumindest zwei Wochen, bis ich endlich die Muße fand, das Geschenk an seinen Bestimmungsort zu bringen. Körperlich etwas angeschlagen spazierte ich in den Wald, mit der Absicht, zuerst meinen speziellen Platz am Bächlein zu besuchen, da ich ja immer noch den Auftrag hatte (und habe), *dem Wasser zu lauschen.* Erst im Anschluss daran wollte ich zu den Gnomen gehen. Während ich fasziniert dem Gurgeln, dem Plätschern, dem Blubbern und dem Rauschen in der Hoffnung auf eine Botschaft zuhörte, wurde mir klar, dass ich viel zu müde war, um noch weiter zu gehen. Also rief ich die Gnome in Gedanken und bat sie, das Geschenk hier abzuholen. Einerseits hatte ich ein schlechtes Gewissen, weil ich meine Aufgabe nicht so erfüllen würde, wie ich mir das vorgestellt hatte und wie es vielleicht auch von mir erwartet wurde, andererseits wusste ich, dass ein Kilometer keine Entfernung für die Spirits war. Und ich hatte Recht. Kaum hatte ich die Bitte im Geiste ausgesprochen, standen bereits drei Gnome vor mir. Jugendliche! – wie mir schien. Fröhlich und voller Kraft standen sie vor mir, bereit, das Geschenk an den Ältesten weiterzuleiten.

Es war ein aufregendes Gefühl, Gnom-Teenager zu erleben. Mit sich selbst offenbar vollkommen im Reinen und eingebunden in ein Sein, das einem höheren Zweck dient, waren nur die Spannkraft, der Tatendrang und die Lust auf das Leben der Jugend zu spüren. Wer weiß, ob es in der Welt der Naturgeister ähnliche Dramen wie bei uns Menschen während dieser Lebensphase gibt? In diesem Moment jedoch erschien mir ihr Erwachsenwerden nicht so von Konflikten behaftet zu sein, wie bei uns. Mit Freude nahmen sie die geheimnisvolle Gabe der Wichtel an sich und brachten sie an ihren Bestimmungsort.

Es ist immer wieder ein erhebendes Gefühl, mit den Geistern der Natur in Kontakt treten zu dürfen. Ihre Art, zu leben und zu sein, erzeugt jedes Mal Glück und Dankbarkeit in mir und hinterlässt den Eindruck, dass alles gut werden kann, wenn wir lernen, ihrer Weisheit zu folgen.

Berechtigte Wut

Für gewöhnlich habe ich nur äußerst harmonische Begegnungen mit den Wesen der Natur, und Vorwürfe sind bis jetzt eigentlich nicht vorgekommen. Selbst wenn immer deutlich spürbar war, wie stark ihre Reiche durch uns Menschen eingeschränkt oder sogar zerstört werden. Vielleicht war das aber auch gar nicht notwendig gewesen, da die Schuld ohnehin auf den Schultern von so vielen von uns schwer lastet. Wenn ich durchs Internet surfe, komme ich gar nicht vorbei an Kommentaren, die den – wie ich ihn nenne – kollektiven Selbsthass zum Ausdruck bringen. Lähmende Schuldgefühle und Selbsthass haben aber noch nie zu hilfreichen Handlungsmustern geführt. Im Gegenteil.

Wahrscheinlich ist das den weisen Naturgeistern sehr wohl bewusst und spielt in ihrer Erlebniswelt auch keine besondere Rolle. Was zählt, ist der Wille.

Nichtsdestotrotz durfte ich bei meinem Ausflug nach Gnadenwald im Winter erfahren, dass nicht alle Spirits so fühlen und denken. Damals war ich unterwegs, um den Ortsgeist zu treffen, der sich bei einer anderen Gelegenheit kurz gezeigt hatte. Bis ich allerdings zum richtigen Platz kam, konnte ich bereits so viele Begegnungen machen, dass ich für den Rest des Tages mental müde war.

Neben den Wichteln und der Eiche, die mir so intensive und positive Erfahrungen beschert hatten, durfte ich lernen, dass es auch Treffen der anderen Art gab. Während ich glückselig und mit mir selbst zufrieden meinem Ziel entgegenwanderte, fiel mir der ausladende Baumstumpf einer Kiefer ins Auge, die den Eindruck machte, Unterstützung gut gebrauchen zu können. Obwohl radikal umgesägt, kämpften sich Triebe aus ihrem Stamm, die schwerlich zu ihr gehört haben können, und trotzdem hatte ich den Eindruck, dass es hier etwas für mich zu tun gab. Sie sah das aber anders und war von meinem aufdringlichen Angebot, beziehungsweise meinem blauäugigen Helfersyndrom nicht besonders begeistert. Leicht missmutig zwar, war sie dennoch einverstanden und wirkte für energetische Arbeit an ihr offen. Es schien aber so, als wartete sie nur darauf, dass ich einen Fehler machen würde, um ihrem Unmut Luft zu machen.

Und so geschah es auch: Während ich mit der Trommel mitten am Spazierweg stand, sang und versuchte, schamanisch zu arbeiten, war ich wieder einmal kurz abgelenkt, da ich befürchtete, irritierte Blicke von Spaziergängern auf mich zu ziehen. Diese kurze Unaufmerksamkeit erboste den Pflanzengeist dermaßen, dass er prompt seine Anklage über mich ergoss. Darüber, wie furchtbar egoistisch wir Menschen doch seien, und wie wir ja immer nur an uns selbst denken würden. Ich kann mich nicht mehr genau erinnern, was da noch alles an Frustration und Wut von seiner Seite kam, aber eine anständige Arbeit war daraufhin leider nicht mehr möglich. Also machte ich mich, in meiner seligen Selbstzufriedenheit gedämpft, wieder auf den Weg.

Nach einer Weile kam ich an einen Platz, an dem Kobolde lebten. Ich grüßte sie höflich und musste zu meinem Erstaunen feststellen, dass sie alles andere als erfreut darüber waren, dass ich sie wahrnehmen konnte. Ich hatte den Eindruck, sie würden sich durch mich bedroht fühlen, da sie mir gegenüber einigermaßen abweisend waren. Damals habe ich mir vorgenommen, an einem anderen Tag wiederzukehren und sie zu fragen, warum sie so wütend waren.

Inzwischen war ein halbes Jahr vergangen, in dem in mir immer wieder das Bedürfnis aufflackerte, sie zu besuchen, doch nie fühlte es sich richtig an. Bis zu dem Tag, an dem ich „meine“ Gnome besuchte. Zum ersten Mal spürte ich einen Hauch von Kritik von ihrer Seite.

Als ich bei den sonst ausschließlich wohlwollenden und freundlichen Wesen ankam, waren sie sehr beschäftigt und erklärten mir, dass sie keine Zeit für mich hätten. Sie würden helfen, die Pflanzen für die bevorstehende Phase von Blüte, Frucht und Samen zu stärken. Dies würden sie bewerkstelligen, indem sie ihnen mehr Nährstoffe zufügten. Ich bekam ein Bild, wie sie dunkle, fette Erde um die Wurzeln herum verdichteten.

„Ah! Ihr macht das wie die Zwerge?“, war meine spontane Antwort, nichtsahnend, dass dies als unhöflich aufgefasst werden würde. *„Wir sind keine Zwerge!“,* kam es augenblicklich zurück, was mich sehr verwunderte, da sie mich doch kannten und wissen müssten, dass ich es so nicht gemeint hatte. Unbeholfen versuchte ich, mich zu erklären: „Aber die Zwerge bringen auch die Mineralien zum Berg, damit er besser wachsen kann.“ (Ein „Entschuldigung“ wäre wahrscheinlich angebrachter gewesen.) *„Wir müssen nur die Erde hinbringen. Was früher einfacher war, weil der Boden nicht mehr so viel Kraft hat wie früher“.* „Durch euch Menschen“ mussten sie gar nicht erwähnen; es war sehr deutlich spürbar, wie es gemeint war, beziehungsweise war es ja ohnehin keine Neuigkeit, sondern schon lange traurige Wahrheit. Nach diesem Erlebnis beschloss ich, dass es endgültig Zeit wäre, den Kobolden einen Besuch abzustatten.

Bevor ich aber einfach drauflosstapfte, schickte ich schon Tage zuvor die Botschaft voraus, dass ich kommen würde, um ihnen Raum für ihre Wut zu geben. Sie sollten alles sagen dürfen, was ihnen auf dem Herzen lag, wenn sie das wollten! Falls sie nicht mit mir sprechen wollten, wäre das auch in Ordnung, und ich würde sie dann nicht mehr belästigen. Es kam kein spürbarer Widerstand, also machte ich mich bald darauf auf den Weg.

Während ich an einem sonnigen Tag im Juli durch die unendlichen Weiten von Heidelbeersträuchern wanderte, nahm ich mir fest vor, ohne Zwang und ohne Erwartungshaltung zu den Kobolden zu gehen. Würden sie nicht erscheinen, wollte ich es in Liebe respektieren und sein lassen. Oben angekommen musste ich jedoch nicht lange auf den Kontakt warten, sie schienen recht offen zu sein. Ich erklärte ihnen meine Absichten, ihre Anklage in meinem Buch niederzuschreiben, so dass auch diese Seite gehört würde. Ich brachte Hirse, Salz und Räucherwerk mit, rief in einer schamanischen Zeremonie die vier Himmelsrichtungen und die Elemente herbei und grüßte den Geist des Ortes, der sich wiederum als imposantes Urgestein präsentierte. Ich rief auch meine geistigen Helfer und bat zu guter Letzt noch darum, dass wir für eine halbe Stunde nicht gestört würden. Daraufhin konnte ich mich richtig entspannen und endlich gelang es mir zu hundert Prozent, ganz bei der Sache zu sein.

Im Folgenden gebe ich ihre klaren Worte wieder:

(wir sind wütend wegen dem) *„...was ihr mit dem Wald macht! Der Wald ist ein WESEN, ein Ökosystem würdet ihr sagen. Jeder Eingriff hat* natürlich *Auswirkungen auf das Ganze. Lasst den Wald einfach in Ruhe, er ist gut so, wie er ist! Lasst ihn einfach in Ruhe!! Ihr seid DUMM! Dumm, weil ihr reintrampelt wie Kleinkinder, alles niedermetzelt, unbewusst darüber, was ihr anrichtet! Und es war nie anders! Ihr seid egoistisch, reißt einfach aus, was ihr braucht, ruiniert* *dabei, was nebenbei ist, und feiert dann noch eine Eroberung. Den Sieg über die böse Natur!!*

Aber ihr vergesst, dass sie es ist, die euch am Leben hält, die euch ein Heim gibt, euch nährt und behütet. Ihr habt verdient, was euch jetzt geschieht!"

Auch wenn ich ihr Gefühl gut nachvollziehen konnte, wollte ich doch wissen, ob das zuletzt Ausgesprochene tatsächlich ernst gemeint war, oder nur der Ausdruck überschäumender Wut war.

Darum hakte ich ein bisschen nach: „Meint ihr das wirklich? Ich denke an (unschuldige) Kinder..." Diese Stelle ist ein wenig diffus geblieben, und mir ist nicht klar, ob sie zwischen uns und unseren Kindern überhaupt einen Unterschied machen, so wie wir es tun. Für uns sind unsere Kinder unschuldig und müssen um jeden Preis geschützt werden. Ich bekam als Antwort: *„Sie sind auch nicht anders! Sie werden gleich. Es ist uns egal! Ihr achtet ja auch nicht auf unsere Kinder!"*

Mir war nicht klar, was sie damit meinten, und als ich genauer nachfragte, bekam ich ein Bild von kleinen Nadelbäumen, kaum höher als zwanzig Zentimeter, die sie liebevoll mit ihren Händen behüteten und schützten, während wir sie achtlos zertrampelten und überfuhren.

Vor allem aber werden sie lieblos missachtet und als wertlos erachtet. *„Ihr* erkennt *sie nicht mal als Kinder! Warum sollten wir uns um eure scheren?"*

„Wollt ihr mir sagen, wie wir am Besten tun sollen?"

„Das werdet ihr wohl selbst wissen! Seid ihr wirklich so fern von allem, dass ihr das fragen müsst?"

„Ich befürchte schon."

Mit einem Seufzer schien sich der Kobold an seine Sippe zu wenden und zu sagen: *„Jetzt sollen wir denen das auch* *noch sagen!"* Wieder mir zugewandt meinte er: *„Wir sind schon genug mit euren Schäden beschäftigt"*

Darauf gibt es nicht viel einzuwenden, also drückte ich meine eigenen Gefühle aus und teilte ihnen mit, dass es mir leid täte, dass ich wünschte, es wäre anders und dass ich fest daran glaubte, dass es anders werden würde.

„Nur wann?"

„Ich kann das Ausmaß eurer Frustration wahrscheinlich nicht nachempfinden, aber ich bin selbst sehr frustriert", darum stelle ich mir nur die Frage: „Was kann ich jetzt tun, damit es dann später besser wird?" Dabei schickte ich ihnen Bilder von Bäumen, die ich bis heute vermisse, weil sie gefällt worden waren. Wie die große, wunderbare Weißtanne im Garten meines Wohnhauses. Wie sehr habe ich die geliebt!

Das Fällen der Bäume ist ein äußerst emotionales Thema für mich, was anscheinend für die Kobolde spürbar war, denn sie fragten mich: *„Dann bist du eine Schwester in der Trauer?"*

„Ja, das bin ich!" gab ich zurück, erstaunt über die Wortwahl und die entstandene Nähe.

„Was willst du tun?", war die nächste Frage, und ich erzählte ihnen von meiner Vision, wie ich mir die Zukunft vorstellen und wie ich hoffen würde, meinen Teil zur Heilung der Verbindung zwischen Mensch und Natur beitragen zu können.

„Das (Eintreten meiner Vision) *ist noch weit weg!"*, war ihr Einwand, der wieder ihre Verzweiflung spürbar machte.

„Ja, aber die Samen müssen jetzt gesät werden". Damit schien sich das Gespräch dem Ende zuzuneigen, es war alles gesagt. Ich fragte sie abschließend, ob sie noch etwas hinzufügen wollten. *„Geh deinen Weg"*, war die Antwort, die bei mir das Gefühl hinterließ, dass die überschäumende Wut, die anfangs so präsent war, etwas gewichen war. Trauer, Enttäuschung und Schmerz sind durch dieses Gespräch aber natürlich nicht geschmälert. Wie auch?

Solange sich der Fokus nicht endlich auf Erhalt und Pflege dieses wunderschönen Planeten und der Verbindung zu Mutter Erde in uns selbst richtet, wird sich nichts ändern für die Naturgeister, geschweige denn für unsere geschundene Menschenseele.

Zwei Bratäpfel, fünf Wichtel und ein Troll

Einen Vorgeschmack davon, wie es sein könnte, wenn Mensch und Naturgeister in Harmonie miteinander existieren, durfte ich vor kurzem bekommen:

An einem grauen, wolkenverhangenen Samstag im November fuhr ich meine Freundin im Sellraintal besuchen. Wir hatten ausgemacht, zu ihrer Lieblingsstelle im Wald zu spazieren, ein bisschen zu trommeln, uns mit dem Ort zu verbinden, am Feuer[13] zu sitzen und unser mitgebrachtes Essen darin zu braten. Dafür schleppte ich sogar meinen wunderschön verzierten, marokkanischen Tajin mit, den ich vor Jahren geschenkt bekommen hatte. Als Nachspeise waren saftige Boskop-Bratäpfel, frisch vom Baum, geplant. Alles sehr gesund. Und dann noch Lebkuchen und Schokolade (auch wahnsinnig gesund). Letztere erlebten aber nicht mal die Hauptspeise, mussten wir uns doch dringendst, nach einer ganzen Stunde Spazierengehen und Feuermachen, stärken. Das Leben kann wahrlich hart sein im Wald.

Wir verbrachten einen wunderbaren Nachmittag damit, intensive Gespräche zu führen, den Spuren eines Dachses zu folgen, am Feuer zu sitzen, Süßkartoffeln und Gemüse zu verdrücken, einem vorbeiwanderndem, wenig beeindruckten Reh etwas vorzusingen, barfuß den Waldboden zu spüren, und sogar ein bisschen auf einer umgefallenen Fichte zu balancieren, gehörte dazu. Für diejenige mit dem rudimentären Gleichgewichtssinn fast ein echtes Abenteuer.

---

[13]Sie hatte an einem sicheren Platz, in der Nähe eines Baches eine Feuerschale aufgestellt und achtet sehr darauf, dass der Wald nicht beeinträchtigt wird.

Wir hatten Glück; obwohl den ganzen Tag über Regen angesagt war und die Wolken bereits am Morgen tief hingen, blieb es bis zum Schluss trocken, nur ein leichter Nieselregen beehrte uns für ein paar Minuten. Nach dem Essen wollten wir eine schamanische Reise machen, und während die Äpfel in der Glut brutzelten, trommelten wir, um uns mit dem Geist des Ortes zu verbinden und den Herzschlag von Mutter Erde zu finden.

Dazu kam es in meinem Fall gar nicht, denn bereits beim Eintrommeln hatte ich das Gefühl, dass wir beobachtet wurden. Zuerst war nur eine wohlwollende Präsenz spürbar, die unser Treiben zwar mit etwas Abstand, jedoch neugierig, verfolgte. Als ich nachfragte, wer sie seien, sah ich auch schon die roten Zipfelmützen – an denen erkenne ich für gewöhnlich, dass es Wichtel sind. Sie waren zu fünft und schienen große Lust zu haben, an unserem Beisammensein teilzunehmen. Genau genommen wollten sie, dass ich für sie tanze. Tanzen und singen scheint immer wieder ein natürlicher Ausdruck der Freude bei den Naturgeistern zu sein; bei sehr vielen meiner Begegnungen wünschen sie sich Gesang oder ein Tänzchen. Vielleicht wäre es aber auch nur ein natürlicher Ausdruck von mir selbst und das kleine Volk versucht, dies aus mir herauszulocken? Wer weiß? Tanzen gelang mir an dem unebenen Platz nicht besonders gut, aber ich hatte Spaß daran, den Kasper zu spielen und wackelte mit dem Bommel meiner Mütze im Takt der Trommel für sie. Das fanden sie einigermaßen erheiternd aber auch etwas befremdlich, hatte ich den Eindruck. Während ich so vor mich hin wackelte, sah ich, wie aus dem Osten ein Troll aus dem Wald herabstieg. Auch er wollte dabei sein. Ganz freundlich, beinahe tollpatschig, liebenswert und etwas schüchtern blieb er ein paar Meter von unserem Lager entfernt stehen und nahm auf diese Weise teil. Ich hatte den Eindruck, dass er ein bisschen einsam war, fragte aber nicht genauer nach. Irgendwie passte es zu diesem Zeitpunkt nicht.

Als die Bratäpfel fertig waren – also außen richtig schön schwarz verkohlt und innen heiß und ganz weich – lud ich die Wichtel ein, sich auf einen der Stämme zu setzen, die um die Feuerstelle herum als Sitzfläche platziert waren, und bot ihnen meinen Apfel an. Ich hatte nicht erwartet, dass sie sich so über dieses Stück Obst freuen würden, als wäre es etwas ganz Besonderes. Wie eine kleine Feier mit guten Freunden erschien mir der Moment, voller Spaß, Genuss und Leichtigkeit. Meine Freundin teilte großzügig ihren Apfel mit mir, so waren wir alle versorgt und erfreuten uns am Feuer, dem Essen und dem Beisammensein. Nur der arme Troll ging scheinbar leer aus. Ich fragte ihn, was er gerne hätte, und er meinte, ein Stück Schokolade würde ihm gefallen. Als ich ihm diese bringen wollte, stellte ich fest, dass wir sie schon zur Gänze verputzt hatten. Peinlich! Von einem asketischen Tag im Wald konnte nicht die Rede sein. Zum Glück war der liebe Troll auch mit einem Lied einverstanden, also trommelte ich noch einmal und erfand eine Melodie, die mir passend erschien. Es war zwar keine süße Schokolade, aber er schien trotzdem ganz zufrieden gewesen zu sein.

Wir saßen noch eine Weile vor der Glut und verabschiedeten uns erst, als es dunkel wurde. Nachdem wir sichergestellt hatten, dass das Feuer vollkommen erloschen war, machten wir uns auf den Heimweg. Der Besuch der Naturgeister machte den ohnehin schon perfekten Nachmittag zu einem ganz besonderen Erlebnis.

„Manchmal einfach *feiern, lustig sein, den Moment auskosten und die Gaben der Natur genießen*“, ist die Botschaft, die die Wichtel an uns weitergeben wollten.

Der Untersberg

Der Untersberg! Dies wird meine letzte Geschichte für dieses Büchlein, die Erlebnisse am Untersberg sind sozusagen das Alpha und Omega. Auch wenn zeitlich andere Begegnungen früher stattgefunden haben, so erschafft diese so etwas wie einen Rahmen. Warum das so ist, kann ich nicht genau sagen. Vielleicht liegt es daran, dass diese letzte Erzählung erst aufgeschrieben werden kann, nachdem die Aufgaben, die ich vom Untersberg erhalten hatte, erfüllt waren. Doch dazu komme ich noch.

Angefangen hat es damit, dass meine Schwester seit längerem das Gefühl hatte, der Berg würde sie rufen. Immer wieder erzählte sie, dass sie dort hin müsse! Irgendwann. Wie es der Zufall wollte, wurde rechtzeitig zur Walpurgisnacht, die in diesem Jahr wirklich mit Beltaine, das sich am Mondstand orientiert, zusammenfiel, das Bettgestell für meinen Dacia fertig. Ein gemeinsamer Campingausflug und ein kleines Abenteuer lockten uns, nach Grödig zu reisen und den Untersberg zu besuchen. Wir beschlossen, mittags des dreißigsten Aprils zu starten und am späteren Nachmittag mit der Gondel auf den Gipfel zu fahren.

Nach unzähligen Verzögerungen, – unter anderem verfuhren wir uns einige Male – kamen wir zu spät an und verpassten die letzte Gondel. Also fuhren wir zum Campingplatz und nutzten den Abend für einen langen Spaziergang und eine kleine Beltaine-Feier. Wir parkten das Auto direkt unter einer mächtigen Haselnusstaude, räucherten und tanzten ein wenig, während ein riesiger Vollmond am wolkenlosen Nachthimmel und ein unermüdlich rufender Waldkauz für die Stimmung sorgten.

Am nächsten Tag war es dann endlich soweit. Oben angekommen waren wir vom Ausblick und der Weite überwältigt. Allein dafür hatte es sich schon gelohnt. Auf Tausendsiebenhundertsechsundsiebzig Metern war es im Gegensatz zu den fünfundzwanzig Grad im Tal ziemlich frisch. Ein kalter Wind blies uns um die Ohren und die immer noch stattliche Schneedecke wirkte beinahe unreal. An den Sonnenhängen leuchtete das Gras schon in sattem Grün, während in den Vertiefungen der Schnee noch meterhoch lag. Ein faszinierender Kontrast.

Wir stiegen auf die Aussichtsplattform und spürten beide sogleich, welch besondere Kraft von den Dohlen ausging. Sie schienen nicht nur alles, was geschah, vollkommen im Auge zu haben; vielmehr hatte ich den Eindruck, sie selbst wären die Augen des Berges und würden sofort erkennen, mit welcher Absicht wir gekommen waren. Aus diesem Grund gaben wir ihnen auch gleich einen Teil unserer Gaben ab und legten Brocken vom selbstgebackenen Brot für sie hin. Dieses nahmen sie freudig an, und zweifellos war dies nicht einfach nur das Füttern von dreisten Vögeln, sondern eine Art Zeremonie, die die erste Verbindung schuf.

Wir hatten keine Ahnung, was uns an diesem Tag erwarten würde, und gingen deshalb einfach dem ausgeschriebenen Pfad entlang, mit der Absicht, unsere Gaben in Dankbarkeit abzulegen. Nur wenige Meter vom Aussichtspunkt entfernt hatte meine Schwester die Eingebung, weitere Teile unserer rituellen Mitbringsel einfach am Wegesrand abzulegen. Während sie das tat, überkam mich ganz plötzlich ein starkes Gefühl von Freude und ausgelassener Heiterkeit. Dies waren aber nicht meine eigenen Empfindungen, sie waren eher eine freundliche Botschaft des Berges. Wir wurden wahrgenommen und wohlwollend begrüßt. Was für ein Gefühl!

So, wie es schien, waren wir nicht die Einzigen, die die Heiligkeit des Berges erkennen konnten: immer wieder trafen wir auf kunstvolle Steinskulpturen, die entlang des Weges gebaut worden waren. Bei einem dieser Haufen war ein zierliches, selbstgebasteltes Kreuz aufgestellt. Wir wussten beide, dass dies der richtige Platz für den Rest unserer Gaben war. Ich legte das letzte Brot zu den Kristallen, die meine Schwester ausbreitete. Unser Akt der Wertschätzung wurde augenblicklich beantwortet.

Es wurde uns gewährt, den Berg selbst zu spüren! Ich war erfüllt von einer Welle unfassbarer Kraft, die sich in den Himmel erhob und nach unten hin noch viel weiter über die Wurzeln des Berges, durch das gesamte Salzburger Land erstreckte. Ich empfand eine nach oben ziehende Kraft, einen Sog voller Leichtigkeit und Freude. Diese Macht zu fühlen war unbeschreiblich!

Meine Schwester hatte eine ähnliche Eingebung. Sie nahm eine große Lichtsäule wahr, die sich nach oben ausdehnte. Welche Gnade! Nachdem wir unser Staunen geteilt und uns wieder gesammelt hatten, merkten wir, dass die Dohlen nur darauf gewartet hatten, dass wir weiterzogen. Sie waren wohl noch nicht fertig mit uns. Über den steilen, matschigen Weg hinab gingen wir nicht weit, bis es uns zu einer Stelle nahe dem Abgrund zog, an der wir uns neben einer großen Latschenkiefer niederließen. Dort durfte ich zum ersten Mal spüren, dass Naturgeister nicht einfach nur wohlwollend und freundlich, sondern auch zu Schabernack aufgelegt sein können, der für Menschen übel enden könnte. Während wir unsere Sachen bei der Latsche ablegten, verspürten wir beide den Drang, den steilen, rutschigen und ungesicherten

Sonnenhang hinaufzusteigen. Richtig verlockend erschien uns dieser Teil des Berges. Wir sind beide ganz und gar keine geländetauglichen Bergziegen, und ich habe auch noch ziemliche Höhenangst – da hinaufzuklettern hätte den Altersdurchschnitt unserer Familie drastisch gesenkt. Nichtsdestotrotz, wir fühlten uns richtiggehend verführt, solcherart Blödsinn zu begehen.

In dem Moment, als wir darüber sprachen, konnte ich *sie* auch schon sehen. Zwei Berggeister, die aussahen wie Zwerge mit langen Bärten, Hüten und ganz in Grün gekleidet, saßen in der Wand und zerkugelten sich vor lauter Lachen. Nur zu gern hätten sie uns da hinaufklettern und runterpurzeln gesehen. Das schien ihnen richtig Freude zu machen. Interessanterweise war diese Freude ansteckend. Es war, wie wenn man von einem Freund geneckt wird, irgendwann muss man mitlachen. Mit dem Unterschied, dass es in dieser Situation mit Lachen ganz schnell vorbei gewesen wäre!

Trotzdem war klar, dass diese beiden Spirits nicht böswillig waren. Für sie war es einfach ein lustiger Streich; der Tod – also unserer – hätte für sie keine Bedeutung gehabt. Die Materie, an der wir so hängen, existiert nicht annähernd so wirklich wie der Geist, und dem geschieht dadurch ja nichts. Somit hätten sie uns – ihrem Empfinden nach – nichts Böses getan. Allerdings möchte ich nicht wissen, wie die Sache ausgeht, wenn man dem Berg und seinen Geistern achtlos oder anmaßend entgegentritt. Ich kann mir jetzt bildhaft vorstellen, warum sich so viele Sagen um den Berg ranken.

An dieser Stelle möchte ich hinzufügen, dass allgemein in den Bergen die Naturwesen noch freier sind; die Anderswelt ist noch intensiv spürbar. Ganz oft habe ich das Gefühl, mich in *ihrem* Reich zu bewegen. Ich bin nur Gast, und es ist wichtig, nicht selbstvergessen herumzutrampeln, sondern jeden Schritt mit Achtsamkeit und Respekt zu setzen.

Mit diesen unglaublichen Erlebnissen ist die Geschichte aber noch nicht zu Ende. Wenn ich an folgenden Teil zurückdenke, wird mir immer ganz biblisch zumute, und ich bekomme eine Gänsehaut.

Wie bereits erwähnt, war es oben am Berg ziemlich frisch, und der Wind ließ die Kälte so richtig unter die Haut kriechen, blieb man nicht in Bewegung. Während meine Schwester und ich über unsere Erfahrung mit den beiden Berggeistern plauderten, strahlte plötzlich aus der Richtung der Latsche eine intensive Wärme zu uns herüber, die sich nicht erklären ließ. Der Boden schien warm zu werden und wir zogen uns die Schuhe aus. Der Boden war tatsächlich warm! Wir setzten uns zu der Bergkiefer hin und beobachteten, was wir empfanden und wahrnahmen. Während meine Schwester ein rotes, wärmendes Licht bei der Pflanze erkannte, formten sich die Worte *brennender Busch*[14] in meinem Kopf. Beide „sahen“ wir eine Frau in der Kiefer, die mich sofort an die saligen Frauen denken ließ.

Meine Schwester erfuhr eine wunderschöne Heilung, in der sich die Latsche in strahlendes weißes Licht verwandelte, etwas von ihr genommen und ihr etwas gegeben wurde. Danach hatte sie das Gefühl, dass etwas Großes geschehen war, und sie fühlte sich tief geliebt. Wunder und Gnade wirkten gleichermaßen.

Ich bekam einen Auftrag. Ich durfte den Stein, der mich zuvor im Schneematsch „angesprungen“ war und mich auf

---

[14] Auch wenn ich mich wiederhole, aber diese Erfahrung war so groß, dass ich sie zwar aufschreiben kann, aber alle Worte können das Erlebte etwa so präzise wiedergeben, wie ein undeutliches Grunzen.

Rückfrage begleiten wollte, zum Goldbichl bei Igls (in Tirol) bringen. Dies ist ebenfalls ein besonders kraftvoller Ort. Es sollte somit eine Verbindung und ein Netzwerk geschaffen werden. Ein wunderschönes Gefühl von vereinten Kräften, die der Welt nur Gutes bringen, machte sich in mir breit. Es war eine Ehre, an diesem Unterfangen beteiligt sein zu dürfen! Als ich meine Aufgabe verstanden hatte, hieß es: „Geh jetzt!“, und es blieb kein Zweifel, dass damit „jetzt sofort“ gemeint war. In dem Moment, als wir beide unsere Erlebnisse beendet hatten, verschwand die Wärme. Der Boden wurde augenblicklich kalt, sodass wir es eilig hatten, in Socken und Schuhe zu kommen.

Wir waren übervoll mit Dankbarkeit und konnten kaum glauben, was wir an diesem Tag erlebt hatten. Bis heute ist mir nicht annähernd klar, wie viel Macht und Magie in diesem Berg steckt, aber mit Sicherheit wäre er in anderen Zeiten zu einem heiligen Pilgerort geworden, wäre er ohne Gondel leichter erreichbar.

Jetzt, vier Jahre später, schreibe ich diese Geschichte nach vielen Anläufen endlich fertig. Ohne zu wissen, warum, erwies sie sich, im Gegensatz zu vielen anderen Erzählungen, als extrem zäh. Ich fand nie die richtigen Worte, redete sinnlos im Kreis herum und nie kam ich in einen Schreibfluss. Vor zwei Jahren machte ich aus diesem Grund eine schamanische Reise zum Untersberg. Ich wollte wissen, warum es so schleppend lief und ob ich das Erlebte überhaupt zu Papier bringen dürfe. Ich bekam damals die Antwort, dass ich zuerst noch etwas zu lernen hätte. Was genau das sein sollte, wurde mir nicht mitgeteilt. Also konnte ich nur abwarten und im Nachhinein rätseln, ob ich inzwischen genug gelernt hatte.

So Einiges ist geschehen in den letzten beiden Jahren, ich durfte viele Veränderungen und Lernerfahrungen machen und ich hatte das Gefühl, dass es jetzt so weit sein könnte. Zum sechzehnten Mai hin – wiederum der Tag der Beltaine-Festes – wollte ich erneut auf den Untersberg fahren, konnte mir aber an diesem Tag nicht freinehmen. Vorgestern machte ich dann noch einmal eine Reise und fragte, was es brauche, damit ich das Buch nun abschließen könne. Ich erhielt die Botschaft, ich solle am nächsten Tag eine Pilgerreise auf den Untersberg machen, ich solle bestimmte Opfergaben mitbringen und barfuß einen Platz für ein Ritual suchen. Also buk ich noch am selben Abend das gleiche Brot, packte die gewünschten Rosenknospen, einen Heilstein, Kerzen, einen Apfel, einen passenden Gabenteller und die Rassel ein und fuhr am nächsten Morgen kurzerhand nach Salzburg. Ich kam zwar später als geplant an, weil ich mich schon wieder verfahren hatte, es blieb aber mehr als genug Zeit für meine Aufgabe. Nach einer äußerst Körperkontaktfördernden Gondelfahrt war die Weite oben am Berg wieder überwältigend. Ich bin fast überzeugt, am Ende des Horizonts, Richtung Deutschland, konnte ich die Nordsee sehen!

Ich ging ein Stück, bevor ich die Schuhe auszog, und versuchte, auf den spitzen Steinen laufend, meinen Platz zu finden. Ein Passant beschrieb diesen Versuch treffend: „Das ist ja wie bei den Fakiren“. Und er hatte Recht! Ich kam nur äußerst langsam voran, war mehr mit meinen geplagten Füßen und meinem Gleichgewicht beschäftigt, als mich auf die Energie, die dort herrschte, konzentrieren zu können. Wahrscheinlich ist das auch passend für eine Pilgerreise – die muss doch mit Schwierigkeiten verbunden sein, oder?

Nach einer Weile beschloss ich, dem Elend ein Ende zu setzen, und zog meine Flip-Flops an. Auch mit diesen war Achtsamkeit angesagt und so ging ich sehr bedacht weiter, bis ich eine Stelle fand, die auf einer Wiese, wieder über einem Abgrund, lag. Dorthin wanderte ich noch barfuß und setzte mich an den Rand des Steilhanges. Diesmal war der Himmel strahlend blau, der Wind war angenehm erfrischend und schützte vor der Hitze, der Boden war mit Silbermanteln, Meisterwurzen und anderen Heilpflanzen übersät. Es war einfach prächtig.

Ich packte meine Gaben aus, entzündete die Kerzen und begann zu rasseln. Kurz darauf hörte ich die Frage: *„Was willst du?"* in meinem Kopf. Nicht mehr. Keine Naturgeister, die mich necken wollten, keine großen Empfindungen, nur diese kurze Frage. Also erklärte ich, warum ich hier war, was mir mit diesem Buch wichtig ist und bat um Hilfe, die richtigen Worte für die letzte Geschichte zu finden. Ich bekam keine Antwort, was aber nicht notwendig war. Es fühlte sich einfach stimmig an. Ich rasselte noch eine Weile und beendete die Zeremonie anschließend.

Kaum, dass ich fertig war, flogen auch schon die Dohlen her. Drei von ihnen platzierten sich unmittelbar in meiner Nähe und ich wusste, es war Zeit, sie von den Gaben kosten zu lassen. Ich gab ihnen wieder von dem Brot, das sie hoffentlich gut vertragen würden, und warf ihnen Stücke von meinem Apfel zu. Eine von ihnen war so zutraulich, dass sie mir aus der Hand fraß und direkt von der Frucht pickte. Ich genoss den Frieden und das Wetter und hätte noch ewig dort liegen können, als mich Ameisen (wieder einmal) zu belagern anfingen. Ich dachte, ich wäre irgendwo auf ihrem Erdloch gelegen, aber drei verschiedene Arten von Ameisen machten sich über meinen Fuß her. Also setzte ich mich auf und spielte dieses Spiel noch ein Weilchen mit, bis ich durch das viele Gezappel auf einen Stein direkt neben mir aufmerksam wurde. Nebenbei, der einzige dort. Sofort war ich wieder in Kontakt und wusste, dass dieser Stein für mich war. Ich nahm ihn hoch und hörte wieder die Stimme in mir, die mir sagte, dieser Stein würde mir beim Schreiben helfen, so dass ich die richtigen Worte finden würde. Ich sah, wie ich ihn an meinen Kopf halten und ihn bei meinem Computer platzieren sollte.

Und genau so ist es heute. Der Stein passt perfekt an meine Stirn, er liegt neben mir, und ich schreibe die letzten Sätze über den Untersberg.

Eine starke Liebe erfüllt mich heute, und ich wünsche mir, dass alle Menschen in Kontakt mit der beseelten Natur kommen, um die Magie und Liebe dieses Planeten spüren zu dürfen.

Wir sind ein Teil davon.

3 Mit Natur- und Pflanzengeistern Kontakt aufnehmen

Im folgenden Kapitel möchte ich versuchen, ein paar Techniken und Grundlagen aufzuzeigen, mit denen es leichter werden soll, Verbindung zur beseelten Natur aufzunehmen. Es geht hierbei aber nicht darum, dass alle Punkte akribisch abgearbeitet werden, ich möchte nur einen Leitfaden anbieten. Respekt und Achtsamkeit sind für mich die Voraussetzung, alles weitere sei der eigenen Intuition und Kreativität überlassen!

Grundeinstellung für sich selbst klären

Wenn man mit den Spirits der Natur eine Beziehung aufbauen möchte, ist es von Vorteil, die Welt als beseelten Ort zu verstehen. Im Schamanismus hat alles, was existiert, eine Seele. Dies betrifft selbstverständlich auch Pflanzen, Tiere, Orte, Steine, und Gewässer. Wenn wir in uns gehen, können wir sogar den unterschiedlichen Charakter von verschiedenen Plätzen spüren. Jeder Berg vermittelt ein anderes Gefühl, die Ansammlung einer bestimmten Baumart beispielsweise hinterlässt einen anderen Eindruck als eine Gruppe der gleichen Bäume an einem anderen Platz. Wo wir uns wohl und zu Hause fühlen, hat oft mit ebendiesem Charakter einer Gegend zu tun, da wir mit einer bestimmten Energie in Resonanz gehen und mit einer anderen eben nicht. So lässt es sich nicht überall im Gebirge gleich gut leben, nur weil man Berge liebt, so wie sich auch nicht jeder Ort an der Atlantikküste gleich gut anfühlt, nur weil man den Atlantik liebt. Ein Grund für diese Vorlieben ist die Seele des Ortes.

Man braucht nicht zwingend schamanische Seminare zu besuchen, um Naturgeister wahrzunehmen, aber ein gewisser Glaube an die beseelte Natur ist höchstwahrscheinlich notwendig, da der eigene Wille und die eigene Vorstellung immer die Wahrnehmung beeinflussen. Passt etwas nicht in das Glaubenssystem, das man lebt, kann man es auch nicht wahrnehmen und wird jedes Anzeichen so interpretieren, dass es wieder passt.

Nebenbei wäre es ziemlich unhöflich, in den Wald zu gehen und zu rufen: „Ich glaube zwar nicht an dich, aber falls es dich gibt, überzeuge mich vom Gegenteil!“ Mich würde diese Einstellung nicht aus der Reserve locken, außer vielleicht, um dem Zyniker einen Streich zu spielen. Nichtsdestotrotz sind Zweifel kein schlechter Begleiter, da wir im umgekehrten Fall leicht einem Wunschdenken erliegen können und die Fantasie stärker als die Wahrnehmung wird. Nicht jede knorrige Wurzel ist ein Zwerg, und nicht jeder Baumstumpf beherbergt Wichtel, auch wenn es eine romantische Vorstellung sein mag.

Erwartungen zu Hause lassen

Jeder kennt es: Will man etwas unbedingt, geschieht es nicht. Zumindest nicht sofort, was ziemlich frustrierend sein kann. Eine schamanische Praktik besteht darin, einen Wunsch an die Spirits zu richten, eine Absicht zu setzen und dann den Weg ohne Erwartungen weiter zu verfolgen. Man geht die Schritte, die notwendig sind, und lässt dabei los, gibt sich dem hin, was passiert, oder (noch) nicht. Das Vertrauen, dass alles zum richtigen Zeitpunkt geschieht und man nicht zwingend einen Fehler gemacht hat, wenn man keine Begegnung hat, können hilfreich sein, mit mehr Gelassenheit an die Sache ranzugehen.

Behutsam vorgehen

Natur und Pflanzengeister sind im Grunde – zumindest was diesen Punkt betrifft – wie die meisten Menschen auch. Man kann eine nähere Bekanntschaft nicht erzwingen, nur weil man auf das Gegenüber neugierig ist. Der Kontakt wird von ihnen hergestellt, wenn sie es wollen bzw. wenn sie bei dem Menschen ein gutes Gefühl haben. Viele sind zurückhaltend und wollen sich verständlicherweise nicht jedem sofort offenbaren. Hier braucht es oft etwas Geduld und Verständnis. Vielleicht klappt es beim dritten Versuch. Manchmal spüre ich, dass an einem Platz Naturgeister leben, ich weiß, dass sie meinen Gruß hören und verstehen, aber nicht alle sind bereit, zu kommunizieren. Dies gilt es zu respektieren. Andere wiederum freuen sich über das Interesse von immer mehr Menschen und zeigen sich ganz offen.

Die Absicht setzen

Im Folgenden mache ich ein paar Vorschläge, wie es für mich funktioniert hat, mit den Wesen der Natur ins Gespräch zu kommen, und so hoffentlich auch für die Leserin, den Leser, funktionieren kann. Ich verwende gerne die Du-Form, nicht nur, weil das in Tirol oft üblich ist, sondern weil ich finde, dass wir als Kinder von Mutter Erde alle gleich sind auf der Suche nach unserer wahren Heimat.

Bevor du in den Wald gehst, überlege dir zuerst genau, welche Gründe dich dazu bewegen, mit Naturgeistern kommunizieren zu wollen. Augenscheinlich ist es wahnsinnig aufregend, und man ist neugierig, ob es sie wirklich gibt, wie sie aussehen und was sie so tun. Um in Kontakt zu treten, ist es aber von Vorteil, tiefer in sich zu gehen und sich zu fragen, was man sich von der Begegnung erhofft. Kurzfristig und langfristig. Aus welchem Grund sollen sie sich offenbaren? Neugier alleine ist etwas wenig, finde ich.

Vielleicht möchtest du ja in Kontakt treten, weil du einen schönen Garten hast, der noch mehr erblühen oder fruchtbar sein soll. Vielleicht möchtest du mehr mit Mutter Natur in Kontakt treten, mehr mit ihr verbunden sein? Vielleicht möchtest du etwas für sie tun? Vielleicht hast du schon dein ganzes Leben darauf gewartet, dass sich die Magie dieses Planeten endlich zeigt? Vielleicht hast du dich nie richtig zu Hause gefühlt und spürst intuitiv, dass sich das durch die Verbindung zu den Spirits ändern kann?

Versuche, deine wahren Beweggründe zu erforschen, sei authentisch und ehrlich!

Die Natur lieben und ehren, sich selbst ehren

Wahrscheinlich ist es nicht notwendig, zu erwähnen, dass die Liebe zur Natur für eine harmonische Begegnung essentiell wichtig ist. Sie ist der Schlüssel, der Tür und Tor öffnet. Ich habe es als hilfreich erlebt, diese Liebe als Ausgangspunkt zu nützen:

Gibt es einen Platz, der dir speziell am Herzen liegt, der dir besonders gefällt, zu dem es dich immer wieder hinzieht? Wo du dich pudelwohl fühlst oder vielleicht mystisch berührt?

Suche diesen Ort immer wieder auf und ehre ihn. Für mich bedeutet ehren in erster Linie, dass ich alles, was dort wächst, liebevoll betrachte. Selbst wenn die ganze Gegend von indischem Springkraut[15] überwuchert ist, weiß ich, dass die Intelligenz von Mutter Erde größer ist als meine und selbst der ärgste Wildwuchs seinen Sinn hat. Somit danke ich allen Pflanzen, die dort wachsen, für ihr Sein, ihr Tun und ihr Vermögen, Harmonie herzustellen.

Weitere Möglichkeiten wären z.B., den Platz von Müll zu säubern, den Eichhörnchen und Vögeln im Winter Nüsse mitzubringen, oder was dir sonst gut gefällt. Geschenke für die Naturgeister, selbst wenn du sie noch nicht getroffen hast, sind auch immer willkommen.

Ehre dich selbst. Das ist wahrscheinlich etwas schwerer zu verstehen. Während die meisten Naturliebhaber die Größe,

---

[15]Indisches Springkraut ist nicht nur eine wundervolle Pflanze für die Bienen, sie hat auch starke Heilwirkungen für viele Hauterkrankungen und ist als Bachblüte „Impatiens“ bekannt. Vielleicht sollte man letztere häufiger zu sich nehmen, dann würde so Mancher weniger in Rage geraten, und das schöne Wesen in Ruhe lassen.

Schönheit und Erhabenheit dieses Planeten ohne mit der Wimper zu zucken anerkennen können, fällt es uns schon schwerer, die Rolle des Menschen in einem positiven Licht zu sehen. In Anbetracht der ganzen Zerstörung!

Nichtsdestotrotz sind wir ein Teil dieser Welt, unsere Körper *sind* die Erde! Sie sind genau das Gleiche. Das durfte ich bei einem schamanischen Ritual einmal sehr deutlich spüren. Wir sind Gaias Töchter und Söhne. Wenn wir unsere wahre Bestimmung und Größe erst einmal erkennen, können wir Unvorstellbares bewirken. Zum Guten.

So viele von uns bewegen schon so viel im Großen, nützen die Wissenschaft und Technik, um Umweltprobleme zu lösen, auch wenn einige wenige, die leider viel Macht besitzen, noch dagegen arbeiten. Aber auch im Kleinen geschieht Wichtiges: Unzählige Menschen lieben Tiere und Pflanzen, retten, hegen und pflegen sie, widmen ihnen ihr Leben. So viele überwinden sich und ihre persönlichen Bedürfnisse tagtäglich und arbeiten an sich, um eine bessere Welt zu erschaffen. Wir sollten unseren Blick auf das werfen, was wir vermögen zu tun! Uns wurde über Jahrhunderte hinweg eingetrichtert, wir wären „nicht würdig", voller Sünden und durch und durch schlecht. Je mehr wir an diesen Blödsinn glauben, desto länger bleiben wir in unserer kollektiven Depression, dem Selbsthass und der daraus resultierenden Hilflosigkeit verhaftet. Die Beziehung zu Natur- und Pflanzengeistern hat mich das Gegenteil gelehrt. Wir haben zwar noch viel zu lernen, aber wir sind wichtig für diese Welt.

Wir dürfen uns endlich daran erinnern,
wer wir wirklich sind!

Den Geist freimachen

Für die wenigsten Menschen ist es leicht, das Geplapper des Verstandes auszublenden oder sogar ganz auszuschalten. Da die Begegnung mit den Wesen der Natur aber über die „inneren Kanäle" geschieht, ist es sehr störend, wenn bei dem Versuch, etwas derart Subtiles wahrzunehmen, immer wieder Gedanken dazwischenfunken.

Das können Alltagsgedanken sein, die einen nicht loslassen. Themen rund um Familie, Job, Freunde, Gesundheit und Ähnliches können beim Spaziergang im Wald auf penetrante Art und Weise versuchen, sich Gehör zu verschaffen. Der Kopf meint, jetzt wäre es an ihm, uns zu beschäftigen, und endlich hätten wir neben den täglichen Pflichten Zeit zu grübeln, planen und sinnieren. Ganze Filme habe ich schon erlebt während des Gehens, doch den Wald hab ich nicht mehr gesehen. Das ist nicht nur lästig, sondern behindert die Wahrnehmung massiv.

Zum anderen kann es sein, dass sich Vorstellungen darüber einschleichen, wie die Begegnung wohl verlaufen wird, was alles möglich wäre, und was echt toll wäre! Wunschvorstellungen sind nicht ganz leicht beiseite zu schieben, oft kommen langjährige, teilweise unbewusste Sehnsüchte an die Oberfläche. In diesem Fall ist es hilfreich, die Sehnsüchte und Wünsche schon im Vorfeld genauer zu betrachten. Fragen wie: „Was erwarte ich mir von der Begegnung?", oder „Was wünsche ich mir, dass geschieht?" gilt es zu erkennen, die Wünsche dahinter anzuerkennen und dann loszulassen. Wie schon weiter oben beschrieben, sind Erwartungen nicht hilfreich, da sie die Wahrnehmung einschränken und wir dann nur sehen können, was unser Geist uns aufzeigt.

Eine Möglichkeit, sich vom störenden Einfluss dieser Sehnsüchte zu befreien, ist, sie im Geiste durchzuspielen, ihnen den Raum der Fantasie zu geben. Ist das Bedürfnis des Fantasierens erfüllt, dann schreibe ich alles in Stichworten auf ein Blatt Papier, um dieses dann zu verbrennen. Rituell verabschiede ich mich von diesen Bildern und bitte darum, das, was wirklich ist, vorurteilsfrei erkennen zu können. Ich habe in den letzten Jahren für mich erkannt, dass die Wünsche, die ich äußere, um ein besseres Ich zu werden, sehr viel Macht haben, und sollten somit auch keinem Mangelgedanken entspringen. „Ich wünsche mir, geistig freier zu sein, damit ich mit Naturgeistern besser in Kontakt treten kann“ ist ein positiv formulierter Wunsch, der auf jeden Fall unterstützend wirkt.

Um störende Alltagsgedanken zu beruhigen, gibt es verschiedene Ansätze. Es ist mir noch nie gelungen, zu meditieren und „meine Gedanken wie Wolken vorbeiziehen zu lassen“, wie häufig vorgeschlagen wird. Für viele LeserInnen werden aber Ratschläge zur Verbesserung der Meditation sehr hilfreich sein. Auch das Internet hat diesbezüglich Einiges zu bieten. Vielleicht hast du aber auch schon Praxis darin und weißt, wie du gut mit deinem Kopf umgehen kannst. Für mich waren folgende Techniken nützlich:

- Reinigung mit Rauch, Aurasprays oder Gebet
- Sport: den besten Kontakt hatte ich kurz nach dem Laufen. Durch die Anstrengung war mein System so mit Atmen und Bewegen beschäftigt, dass ich viel sensibler für die feinen Energien der Natur war. Ein bisschen auspowern beruhigt den Geist auf sehr effektive Weise.

- Blütenessenz: Ich verwende gerne die Bachblüte White Chestnut, da diese genau auf die Unterbrechung von störenden Gedanken abzielt. Genau wie im Buch von Scheffer[16] beschrieben, bin ich einmal vor lauter Grübeln gegen eine Glastüre gelaufen; die Essenz hat zwar nicht gegen die Beule geholfen, war aber beeindruckend wirksam im Auflösen meiner Gedankenkreise.
- Atemübungen beim Gehen
- Trommeln und rasseln, um in einen meditativen, tranceartigen Zustand zu gelangen.

Abschließend möchte ich noch die Bedeutung der Stille hervorheben. Ich meine nicht nur die Stille der Natur, sondern auch die Fähigkeit, die Stille in uns selbst auszuhalten. Dies ist heutzutage nicht selbstverständlich, da wir den ganzen Tag in der Arbeit geistig aktiv sind, abends mit der Familie kommunizieren, und wenn wir Zeit haben, schalten wir ganz oft das Radio oder den Fernseher an, da wir die Stille nicht mehr gut aushalten. Nichts zu tun und nichts zu denken gilt als passiv, was ziemlich verpönt ist. Vor allem, da das Wort „passiv“ das Wort „perzeptiv“ ersetzt hat, was „empfänglich“ bedeutet und genau die Eigenschaft beschreibt, die man braucht, um Naturgeister wahrnehmen zu können.

[16]Scheffer, M.: Bachblütentherapie. Theorie und Praxis. Das Standardwerk mit den ausführlichsten Blütenbeschreibungen. Heyne Verlag. 2. Auflage. 5/2000. S.265

Zeit

Wenn du mit Naturgeistern ins Gespräch kommen willst, nimm dir Zeit. Plane am besten nichts anderes Wichtiges mehr für die nächsten Stunden. Ich habe die Erfahrung gemacht, dass sich die Wesen nicht gern auf den Kontakt einlassen, wenn ich im Hintergrund noch einen weiteren Termin habe. Hastig, oder schnell mal dazwischengeschoben geht in der Natur sowieso nichts. Ruhe, Stille und Zeit sind meistens die notwendige Voraussetzung für ein gelungenes Treffen. Im Rahmen von Seminaren ist das manchmal anders, was vielleicht an der bereits im Vorfeld gesetzten Absicht der LeiterInnen liegt.

Wertschätzung

Natur- und Pflanzengeister freuen sich, wie jeder andere auch, über Aufmerksamkeiten, die unsere Wertschätzung ausdrücken.

In schamanischen Traditionen werden den Spirits für ihre Arbeit Geschenke gemacht, üblicherweise wird Tabak gegeben. In Anlehnung an diese Praxis habe ich mir einmal eine Packung naturbelassenen Tabak gekauft und als Opfergabe verwendet. Für mich hat es sich aber nicht richtig angefühlt – vielleicht, weil ich nicht rauche und auch keinen Bezug zur Tabakpflanze habe. Die Geste kam mir hohl vor, so als hätte ich einfach eine Tradition übernommen, die gar nichts mit den Spirits in meiner Umgebung, geschweige denn mit mir zu tun hat. Lebendiger Schamanismus besteht meiner Meinung nach auch darin, keine überlieferten Zeremonien einfach zu übernehmen, sondern jedes Mal wieder zu spüren und zu fragen, was *jetzt und hier* passend ist.

Aus diesem Grund habe ich mir überlegt, was meine Gaben sein könnten. Was bedeutet mir viel und kann bedenkenlos im Moos oder auf einem Baumstumpf hinterlassen werden? Meine Wahl fiel erstens auf grobes Steinsalz, da ich seit jeher eine besondere Beziehung zu Salz habe. Schon als Kind hat mich das Märchen vom Salz gefesselt. Die Vorstellung, wie es wäre, wenn es kein Salz mehr gäbe, hat einen bleibenden Eindruck hinterlassen. Als Tirolerin aus der nächsten Umgebung von Hall bin ich vielleicht auch durch meine Wurzeln geprägt. Auf jeden Fall ist das Inntal mit dem weißen Gold stark verbunden, also wahrscheinlich auch die Naturgeister, dachte ich mir. Vor allem aber liebe ich einfach den salzigen Geschmack! Wie eine Ziege könnte ich täglich an einem Salzstein lecken. Genug Gründe also, naturbelassenes Salz als Geschenk zu verwenden.

Zusätzlich habe ich Hirse ausgesucht, da sie für mich etwas Nährendes darstellt. Damals aß ich sie auch noch gerne und empfand sie als wärmend und sättigend. Dieses wohlige Gefühl wollte ich gerne weitergeben, darum war sie ein fixer Bestandteil meiner Mischung.

> *Überlege dir, welche Form von Gaben dir Freude bereiten. Vielleicht bist du gern kreativ tätig und magst einen Kranz aus Blumen knüpfen, oder Gebilde aus Steinen, Zapfen, Ästen oder Ähnliches bauen. Vielleicht magst du singen oder dich körperlich in einem Tanz ausdrücken. Alles ist erlaubt, solange du darauf achtest, dass kein Schaden entsteht. Bitte lass niemals Speisen im Wald zurück, die den Wildtieren schaden könnten oder ihn auf Dauer verschmutzen.*

Wenn du mit Kerzen hantierst, achte darauf, dass keine Wachsreste zurückbleiben.

Ein angenehmer Nebeneffekt ist, dass durch das Ritual der Wertschätzung auch der Geist ein wenig ruhiger werden kann. So lassen sich lästige Störfrequenzen des plappernden Verstandes noch mal ein Stück reduzieren.

Eine weitere Form der Wertschätzung kann man täglich praktizieren, wenn man möchte, indem man sich mit den Pflanzen, die man zu sich nimmt, kurz verbindet. Wenn ich einen Apfel esse, versuche ich mir immer wieder vorzustellen, auf welchem Baum er gewachsen ist, und auf welchem Boden dieser wächst. Ich erinnere mich, dass er ein lebendiges Wesen ist, und nicht nur saftige Nährstoffe aus einem Plastiksack. Ich segne ihn, und oft auch den Baum und die Erde, was mir das Gefühl gibt, mehr mit der Erde verbunden zu sein. Ich bin auch davon überzeugt, dass dies die Wahrnehmung für die feinstoffliche Welt verbessern kann.

Räucherwerk

Rauch kann Balsam für die Seele sein. Dies empfinden auch die Geister so. Mit Harzen, Wurzelstücken, Blüten und anderen Pflanzenteilen lassen sich Düfte erzeugen, die nicht nur wir Menschen zu schätzen wissen. Im Gespräch mit der Haselnussstaude machte ich mir Sorgen, dass das Verbrennen von Pflanzenteilen unangenehme Gefühle bei den Pflanzen auslösen könnte. Ich wurde aber daran erinnert, dass das Räuchern von Holz kein Problem darstellt, da die grünen Wesen keine Körperseele besitzen. Außerdem bekam ich folgende Antwort: „Das Feuer ist ein Teil von uns! Alle Elemente sind in uns enthalten. Das Feuer in uns bringt die Blüten, die Früchte und die Fortpflanzung hervor." Für mich war das wiederum ein Moment, in dem ich erkennen durfte, wie alles miteinander verwoben ist, wie alles Eins ist.

> Bevor du mit Feuer im Freien hantierst, stelle immer zuerst sicher, dass du nicht aus Versehen einen Waldbrand verursachst! Halte immer Sand oder Wasser bereit, suche dir einen brandfesten Untergrund und vermeide das Räuchern in Trockenperioden, da etwaiger Funkenflug verheerende Folgen haben kann.

Die Haselnuss erklärte mir, dass sie süße Düfte liebe, von Blüten oder auch von Honig. Die Esche möge es wohl lieber harzig, aber alle Pflanzen haben gemeinsam, dass sie den Geruch frischer Luft und das Aroma von Rosen lieben, welche Sanftheit und Klarheit verströmen.

Rosenduft ist also immer angesagt, was sehr hilfreich ist, wenn man zum ersten Mal mit Naturgeistern Kontakt aufnehmen möchte und deren Vorlieben nicht kennt.

Marlies Bader[17] beschreibt die Wirkung des Rosenrauchs:

„Schafft Verbindung und Versöhnung. Besänftigt. Fördert harmonische Beziehungen. Weiht und segnet. Ein Muss in jeder Liebesräucherung."

[17]Marlies Bader: Räuchern mit heimischen Kräutern.

Treffender kann ein Duft wohl nicht sein, wenn man eine neue, harmonische Beziehung aufbauen will. Ein guter Start sozusagen.

Interessanterweise tauchen auch in meinen schamanischen Arbeiten immer wieder sehr deutlich die Blütenblätter von Rosen auf, vor allem, wenn es um Heilung geht. Die stets rosafarbenen Blüten umhüllen die Person mit Sanftheit und Liebe. Wie ein Engel unter den Blütenpflanzen schenkt sie sich zart und kraftvoll gleichzeitig.

Generell sind die meisten Pflanzen geeignet, um verräuchert zu werden. Den eigenen Vorlieben sind keine Grenzen gesetzt. Ich persönlich verwende jedoch keine Pflanzen, die eine starke psychotrope Wirkung haben, wie z.B. die Engelstrompete, da ich damit keine Erfahrungen habe. Außerdem bin mir nicht sicher, inwiefern ich dann noch wirklich Naturwesen wahrnehme, also mein Bewusstsein erweitert wird, oder ob meine Wahrnehmung dadurch auch qualitativ verändert wird. Nicht zuletzt kann es zu lebensgefährlichen Vergiftungserscheinungen kommen. Wer trotzdem damit experimentieren möchte, sollte sich gut informieren[18] und gegebenenfalls in einer angeleiteten Gruppe erste Erfahrungen sammeln.

Man sollte immer bedenken, dass man bereits mit Pflanzengeistern in Verbindung steht, wenn man ihre Körper verräuchert. Respekt und Achtsamkeit sind nicht zuletzt deshalb ein wichtiger Bestandteil jedes Rituals.

---

[18]Christian Rätsch ist ein Experte auf diesem Gebiet

Neben dem Räuchern als Duftgeschenk für die Wesen der Natur können auch einige Kräuter hilfreich sein, um die eigenen Gedanken bereits im Vorfeld zu beruhigen und den Geist von Alltagsgedanken frei zu machen.

Laut Bader und Kinkele[19] sind neben der Rose vor allem Minze, Lorbeer, Fichtenharz, Beifuß, Baldrian, Alant, Wacholderspitzen, Ysop und Salbei gut geeignet, um den Geist zu klären.

Besonders hilfreich kann der Ysop sein, der laut Kinkele „die Augen für das Feinstoffliche öffnet", was ich demnächst ausprobieren werde. Klingt sehr vielversprechend! Auch der Lorbeer soll die Hellsichtigkeit stärken, und der Salbei vermag den Geist „von störenden Emotionen zu befreien" (Kinkele, S.145)

Du kannst dir selbst eine Räuchermischung zusammenstellen, die du besonders gerne magst und mit den Spirits teilen möchtest. Der Nachteil besteht darin, dass du dann aber immer Räucherkohle oder ein Stövchen benötigst, worauf du deine Mischung verräuchern kannst. Mir ist das viel zu aufwändig, und ich finde es unpraktisch, so viele Dinge in den Wald zu tragen.

Einfacher geht es mit Räucherstäbchen oder Räucherkegeln, die man an einem sicheren Platz aufstellen kann. Es ist vorteilhaft, rein pflanzliche Produkte zu verwenden, um den Wald vor schädlichen Chemikalien zu schützen. Gute Bioläden bieten Produkte an, die nur ätherische Öle und natürliche Zutaten enthalten, so wie auch das Internet hier hilfreich sein kann. Wer besonders kreativ sein möchte, kann sich

---

[19]Bader, M.: Räuchern mit heimischen Kräutern.
Kinkele, T.: Räucherstoffe und Räucherrituale

seine Räucherstäbchen auch selbst herstellen, Rezepte dazu bietet ebenfalls das Internet.

Eine weitere gute Variante sind Kräuterbüschel, die man direkt anzünden kann. Sie erzeugen viel Rauch, sind leicht zu transportieren und man kann alle Pflanzen, die man liebt, in das Kunstwerk einbringen. Bei den Büscheln muss man aber unbedingt darauf achten, dass man genug Sand oder Wasser zur Verfügung hat, da sich manchmal brennende Teile lösen und im schlimmsten Fall einen Brand verursachen können.

So eine Unachtsamkeit musste meine Kuscheldecke mit unschönen Narben im Polyesterplüsch büßen. Ein paar Tage, nachdem meine liebe Katze zu Hause eingeschläfert worden war, beschloss ich, gründlich auszuräuchern und ging mit meinem Beifußbüschel durch die gesamte Wohnung. In dem Moment, als ich über dem Bett zu der Stelle kam, an der sie starb, entzündete sich ein größerer Teil vom Bündel fast explosionsartig, und grobe, brennende Stücke fielen heraus. Zum Glück war das Bad nicht weit, aber seitdem bin ich um einiges vorsichtiger geworden.

Spannend fand ich trotz Trauer um Katze und nun auch um Decke, wie stark der Beifuß auf die Stelle des Sterbens reagiert hat. Für mich ein deutlicher Hinweis, dass es Energien gibt, die mit bloßem Auge nicht sichtbar sind.

Intuition und Zweifel

Wenn du mit der geistigen Welt in Kontakt treten möchtest, ist es notwendig, dass du auf deine Intuition zu hören lernst. Wahrscheinlich ist das kein neues Feld für jemanden, der dieses Buch freiwillig liest, trotzdem möchte ich an dieser Stelle noch einmal deutlich machen, wie wertvoll es ist, auf die innere Stimme zu hören.

So leicht ist das gar nicht in einer Gesellschaft, die immer noch dem rein mechanistischen Weltbild unterliegt, in der jeder, der seinen Geist für alternative Denkweisen oder sogar einer anderen Realität öffnet, als seltsam oder Schlimmeres abgetan wird. Leider hat die westliche Welt sich auf einen Konsens geeinigt, der vorgibt, die einzige Wahrheit zu kennen, und alles andere, das sich durch die allgemein anerkannten und scheinbar unfehlbaren Messmethoden nicht nachweisen lässt, ist nicht existent. Vor diesem Hintergrund ist es nicht leicht, wieder in den Urzustand zurückzukommen, in dem *die Verbindung zur lebendigen Welt über alle Sinne erfassbar und erlebbar ist.*

Trotzdem kann man lernen, den feinen Impulsen wieder Gehör zu verschaffen. Diese äußern sich in vielen Bereichen. Ob man nun die plötzliche Eingebung bekommt, eine andere Route zur Arbeit zu nehmen, jemanden anzurufen, ohne zu wissen warum, oder nach einem Gespräch das Gefühl bekommt, dass etwas nicht stimmig war; viele derartige Kleinigkeiten zeigen, dass sich da ein verstecktes Wissen regt. Für gewöhnlich wird dieser kleine Funke gelöscht, bevor er richtig im Bewusstsein angekommen ist. Hierin liegt die Herausforderung, solche leisen Eingebungen wieder bewusst wahrzunehmen.

Vor allem im Wald sind diese Impulse hilfreich. Manchmal bleibt der Blick an einem Baumstumpf hängen, obwohl man zielstrebig dem Weg folgt, oder man hört ein Geräusch, obwohl man nichts sehen kann und der Wind gar nicht weht, oder man fühlt sich an bestimmten Stellen nicht wohl, es wirkt dunkler, obwohl es eine Lichtung ist, und so weiter. In so einem Fall ergibt es Sinn, stehenzubleiben, ein paar Minuten zu verweilen und vielleicht einen Gruß hinauszuschicken. Einfach beobachten, was passiert, ohne Erwartung, dass noch mehr geschehe als dieser kleine Weckruf an die Aufmerksamkeit.

Solche Momente sind bereits ausreichend, um den Waldspaziergang bewusster zu erleben und der Intuition die Möglichkeit zu geben, wieder lauter werden zu dürfen. Mit Sicherheit wird die innere Stimme dadurch gefördert, bis irgendwann Kommunikation möglich wird.

Ist es dann soweit und man hat das Gefühl, dass man Naturgeister erkennen kann – oder sogar im Gespräch mit der feinstofflichen Welt ist – dann ist es wiederum notwendig, dem Zweifel Raum zu geben.

Meiner Erfahrung nach kann es geschehen, dass der Kopf sich einschaltet, und anstatt die Worte der Natur zu vernehmen, führt man Selbstgespräche. Dies zu unterscheiden, ist nicht immer leicht und bedarf einiger Übung. Und selbst dann ist es nicht immer sicher, dass man nicht die Botschaft des eigenen Verstandes hört, anstatt die des Kobolds. Bei manchen Begegnungen ist es sehr einfach, den Unterschied zu erkennen. Manchmal drängt sich eine Stimme oder ein Gefühl dermaßen stark auf, körperliche Empfindungen und die inneren Bilder sind so deutlich und klar, dass kein Zweifel besteht, dass dies einen wahrhaftigen Kontakt darstellt.

An anderen Tagen kann es aber sein, dass sich der Geist immer wieder dazwischendrängt, eigene Gedanken einsickern und der Gesprächsfluss eher vor sich hin tröpfelt als zu fließen, so dass man sich nicht sicher sein kann.

Auch das ist in Ordnung. In solchen Fällen darf man sich aber bewusst machen, dass man die Antworten oder Bilder, die man erhalten hat, nicht einfach so übernehmen kann. Es ist dann ratsam, an einem anderen Tag noch einmal mit demselben Thema zu kommen. Im Laufe der Zeit entwickelt man ein Gespür dafür, was Botschaften „von außen" sind und welche durch den Kopf getrübt sind.

Nichtsdestotrotz sollte man niemals Eingebungen als die *absolute Wahrheit* verstehen. Jedes Bild, jedes Wort ist zuerst durch den eigenen Wahrnehmungsfilter gelaufen, und Botschaften, die der eigenen Gedankenwelt vollkommen fremd sind, können somit auch nicht fehlerfrei übersetzt werden, wenn sie überhaupt verstanden werden. Nebenbei gehen die Spirits auch mit uns in Resonanz, was eben nur bestimmte Spirits anzieht. Ich bekomme das, was ich verstehen kann und was meine innersten Bilder und mein Sein widerspiegelt. Ich glaube nicht, dass Wichtel überall rote Zipfelmützen tragen oder Zwerge lange Bärte haben. Aber auf diese Weise zeigen sie sich *mir*, weil ich sie daran erkenne.

Somit kann man sagen: „Ohne Intuition geht gar nichts, und Zweifel sind gut."

Kontakt zu einem Baum aufnehmen

- frei nach Susanne Patzleiner- Rieser, Baumseminar vom 24.7.2015

Die Voraussetzung ist, einen Baum zu finden, der bereit ist, mit uns in Kontakt zu treten. Kommt von ihm ein einladendes Gefühl entgegen, kann man sich ihm weiter nähern. Fühlt man nichts, oder spürt vielleicht sogar einen Widerstand, geht man weiter, bis die Antwort eindeutig positiv ist. Hat man den richtigen Baum gefunden, sollte man folgende Aspekte beachten:

Wichtig ist die innere Einstellung. Man sollte ohne Druck oder Erwartungen auf den Baum zugehen, emotional und mental so frei und unvoreingenommen sein wie möglich. Um die ganze Erscheinung bestmöglich wahrzunehmen, betrachtet man ihn aus einigen Schritten Entfernung. Die bloße Gestalt kann uns schon viel sagen. Am besten barfuß nähert man sich dem Baum, umschreitet ihn, sucht nach einer Art „Öffnung“ und lehnt seine Stirn daran, um in sein Wesen einzutauchen. Man berührt die Äste und Zweige, stellt sich mit den Fußspitzen an den Stamm und umfasst ihn dann. Man kann sich auch stehend oder sitzend mit dem Rücken an den Baum lehnen, um mit ihm zu verschmelzen.

Nun ist es nur noch wichtig, sich auf die Botschaften, die kommen, einzulassen.

Zusammenfassend möchte ich alle Methoden, die ich hier vorstelle, auf eine einzige Sache reduzieren: Komm in die Stille! Raus aus dem hektischen Alltag, lass dich in der Natur fallen und gib dich den Elementen hin. Fließe mit dem Wasser, tänzle im Wind, transformiere dich im Feuer, und finde deine Stabilität in der Erde.

Viel Erfolg, Freude und gutes Gelingen!

4 Abschlusswort und Dank

Ich möchte an dieser Stelle allen, die dieses Buch lesen, danken! Es hat mir große Freude bereitet, es zu schreiben, und ich hoffe inständig, dass es einige inspiriert, sich noch mehr mit der beseelten Natur anzufreunden, in liebevollen Kontakt zu treten und sie zu ehren. Dass ihr zu dieser Lektüre gegriffen habt, macht deutlich, dass ihr das schon tut, und dafür danke ich euch! Es ist ein schönes Gefühl, Teil einer Gemeinschaft zu sein, der dieselben Dinge lieb und teuer sind und die eine ähnliche Vision vom lebenswerten Leben hat.

Mein Herz fließt über, wenn ich an die Naturwesen denke, deren Weisheit, Güte und Liebe so unfassbar groß sind, deren Tun so selbstverständlich eins ist mit ihrem wahrhaftigen Sein, und die bereit sind, eine wunderbare Freundschaft und Kooperation mit uns einzugehen. Die Begegnung mit ihnen schenkt auch meinem Leben Sinn und Freude.

Danke!

Last, but not least, möchte ich Corinna Kleinknecht und Susanne Patzleiner-Rieser herzlich danken, die sich bereit erklärt haben, das Manuskript korrekturzulesen, und sich dem (mir) unergründlichen Mysterium der Beistrichsetzung gestellt haben. Euer Einsatz berührt mich sehr. Ich danke euch!

5 Anhang

Schamanische Grundbegriffe (vereinfacht)

Im Schamanismus wird davon ausgegangen, dass alles, was existiert, beseelt, also lebendig ist. Dementsprechend kann auch mit allem in Kontakt getreten werden, egal, ob Steine, Pflanzen oder die Elemente.

Die nicht alltägliche Wirklichkeit oder Anderswelt meint die Sphäre, in der die Spirits der Natur, die Ahnen, die Krafttiere, Verbündete, aber auch die noch erdgebundenen Geister von Verstorbenen oder auch dunkle Wesenheiten zu finden sind. Der Schamane kann in beiden Realitäten wandern und dadurch Einfluss auf beide Ebenen nehmen. Im besten Fall zum Wohle aller Beteiligten. In indigenen Kulturen waren Schamanen aber auch kriegerisch tätig und versuchten, ihren Feinden so zu schaden.

Die nicht alltägliche Welt wird in **untere** und **obere Welt** sowie in die **Mittelwelt** eingeteilt.

Im Kontakt mit Naturgeistern und Pflanzenseelen befinden wir uns in der Mittelwelt, die genau unsere Realität darstellt, aber wo wir Zugang zu den Spirits bekommen. Auf dieser Ebene befinden sich auch unerlöste Seelen oder Wesen, die nicht immer wohlwollend sind, weshalb es wichtig ist, bei solchen Reisen gut geschützt zu sein.

Hierfür hat die schamanisch praktizierende Person ihre Krafttiere und Verbündete in der unteren und oberen Welt.

Diese unterscheiden sich, salopp gesprochen, in ihrem „Zuständigkeitsbereich". Während man in der unteren Welt mit den Ahnen, den Krafttieren, Heilern und anderen Verbündeten in Kontakt tritt, die vorwiegend für Angelegenheiten zuständig sind, die diese Inkarnation betreffen, findet man in der oberen Welt seinen Lehrer, seine Lehrerin und andere Wesen, z.B. auch Engel, die für die seelische Ebene und die höhere Entwicklung helfend zur Seite stehen.

Meiner Erfahrung nach vermischen sich diese Bereiche immer wieder, und je nach Kultur und schamanischer Tradition sind die Details recht unterschiedlich. Im Core Schamanismus (nach Michael Harner), der versucht, die übereinstimmenden Elemente aller Traditionen herauszufiltern, wird der Aufbau der nicht alltäglichen Wirklichkeit aber als ein verbindendes Element beschrieben.

Zur Heilung von Krankheiten werden unterschiedliche Techniken verwendet, wie unter anderem die Extraktion, bei der eine krankmachende oder überschüssige „Energie“ mit unterschiedlichen Techniken aus dem Körper des Betroffenen herausgezogen wird.

Kontaktdaten Schamanismus

Wer sich mehr für Schamanismus interessiert, kann unter folgenden Adressen – bei diesen habe ich hauptsächlich gelernt – weitere Informationen finden.

The Foundation for Shamanic Studies Europe: Alle Techniken des Core- Schamanismus und weitere interessante Seminare werden das ganze Jahr über angeboten.
https://www.shamanism.eu/de

Susanne Patzleiner-Rieser: Bietet unter anderem eine zweijährige Kräuterausbildung an, die ich nur wärmstens empfehlen kann. Neben umfangreichem Fachwissen fließt auch der schamanische Zugang mit ein.
https://www.hewu.at

Nicola Jochner: Ihr Ansatz der schamanischen Aufstellungsarbeit bringt eine weitere Tiefe und Qualität in die Arbeit.
https://www.heilpraxis-jochner.de

Im deutschsprachigen Raum gibt es viele unterschiedliche Schulen, deren Qualität ich nicht beurteilen kann, von Bekannten weiß ich aber, dass die Schule von Carlo Zumstein sehr empfehlenswert ist, und ich selbst würde gerne noch Kurse bei Susanne Krämer machen, deren Programm und Persönlichkeit sehr einladend auf mich wirken.

Ich würde jedem empfehlen, auch hier nach der eigenen Intuition zu gehen, und die Bitte an die Spirits zu richten, der passende Zugang oder die beste Ausbildung mögen sich deutlich zeigen.

Die wichtigsten Lehrer jedoch sind die Spirits selbst! Sie führen uns auf dem Weg, der für uns bestimmt ist, wenn wir uns darauf einlassen können.

Ich wünsche euch alles Gute auf dieser spannenden Reise!

Über mich

Ich bin hauptberuflich Klinische- und Gesundheitspsychologin im Angestelltenverhältnis, beschäftige mich aber seit meinen Zwanzigern auch mit alternativen Heilmethoden. Dies hat mich zur Traditionellen Chinesischen Medizin geführt, und ich war ungefähr zehn Jahre lang nebenbei als Ernährungsberaterin nach den fünf Elementen tätig. Ich bin auch heute noch überzeugt davon, dass unsere Nahrung Medizin sein kann. 2013/2014 habe ich eine zweijährige Kräuterausbildung gemacht, da mich Heilkräuter schon lange beschäftigt haben. Die Wirkung von Blütenessenzen liegt mir besonders am Herzen, aber auch die Verbindung zwischen TCM und westlichen Kräutern ist für mich eine faszinierende Kombination. Seit 2011 beschäftige ich mich mit dem Schamanismus, habe unterschiedliche Seminare und eine einjährige Ausbildung besucht, um die Grundlagen und Techniken kennen zu lernen. In intensiven Kleingruppen durfte ich jahrelang Heilarbeit praktizieren, bis ich von den Spirits die Erlaubnis bekam, ins Außen zu gehen.

Seit 2020 bin ich nebenberuflich als schamanisch Praktizierende tätig.
In dieser Arbeit sind nicht nur der Klang der Trommel, sondern auch meine Stimme zentrale Elemente geworden.

Im Herbst 2025 haben sich alle Stränge zusammengefügt:

Die Liebe zu den Pflanzen, zu den Spirits der Natur, zur Tcm - welche so stark die natürlichen Rhythmen widerspiegelt – sowie mein persönlicher Zugang über das Tönen, haben mir geholfen, mit Mutter Erde noch intensiver in Verbindung zu treten. Auf meinem ***„Pfad der Erde"*** darf noch Vieles entstehen und entdeckt werden.

Vielleicht laufen wir uns dort über den Weg...

Wenn dich der „Pfad der Erde" neugierig macht, folge mir auf Facebook und Instagram